마음챙김의
뇌과학

쓸모 많은 뇌과학

스트레스, 불안, 우울을 다스리는
가장 과학적인 마음챙김의 기술

마음챙김의
뇌과학

스탠 로드스키 지음
박미경 옮김

현대
지성

당신의 마음과 몸은 잘 연결되어 있는가? 실용주의 인지심리학자이자 마음챙김 권위자로 유명한 스탠 로드스키는 학자들에게도 어렵고 모호한 개념인 '마음챙김'을 매우 현실적이고 간명하게 정의한다. 마음챙김은 몸과 마음의 소통을 통해 인생을 헤쳐나갈 힘을 기르는 과정이라는 것이다. 넘쳐나는 정보와 스트레스의 홍수 속에서 나를 지키는 일은 저절로 되지 않는다. 하지만 바쁜 일상을 영위해야 하는 현대인에게는 마음을 챙길 여유조차 내기 힘든 것이 사실이다. 이 책은 바로 그런 이들을 위한 가장 실용적인 마음챙김 안내서다. 누구나 따라 할 수 있는 쉽고 간편한 방법들이 최신 뇌과학의 원리와 함께 따뜻하고 인간적인 언어로 담겨 있다. 지금 바로 시작해보라. 마음을 돌보는 아주 작은 실천만으로 몸이 건강해지고 삶이 바뀌는 경험을 하게 될 것이다.

김대수 | 뇌과학자, KAIST 뇌인지과학과 교수

읽는 내내 마음속에 골든벨이 울려 퍼지는 느낌이었다. 몸과 마음은 어느 정도로 연결되어 있을까? 몸을 챙기면 마음이 나아지고, 마음을 보살피면 몸도 나아질까? 저자는 이런 본질적인 질문에 명쾌히 답한다. 몸과 마음은 연결되어 있고, 이를 보살피는 효과적인 노력을 통해 우리 삶은 분명 더 나아질 수 있다고. 극심한 스트레스와 불안을 호소하는 현대인에게 이 책은 '당신은 생각만큼 약하지 않다'는 사실을 깨닫게 한다.

이 책은 패턴, 반복, 통제라는 세 가지 핵심 요소를 기반으로 한 일상 활동을 통해 언제 어디서든 마음챙김을 실천할 수 있도록 안내한다. 단 5분의 짧은 시간만으로도 몸과 마음의 균형을 회복할 수 있는 방법들이다. 예컨대 색칠하기, 뜨개질, 걷기, 운전, 심지어 머리 빗기 같은 일상의 사소한 몸짓만으로도 스트레스를 완화하고, 명료한 집중력을 살려낼 수 있음을 일깨워준다.

따라서 우리는 중독이나 약물 또는 타인에게 의존하지 않아도 된다. 내 삶을 바꾸는 주체는 바로 '나 자신'이기 때문이다. 일상의 마음챙김과 '나를 돌보는 주체적인 노력'이야말로 삶을 변화시키는 가장 확실한 방법이다. 나를 바꾸는 매일의 실천을 통해 마침내 세상을 바꿀 용기를 얻어 가길 바란다.

정여울 │ 작가, 『나를 돌보지 않는 나에게』『다시 만난 월든』 저자

40년 동안 한결같은 사랑과 지지를 보내준
줄리에게 이 책을 바칩니다.

나는 30여 년간 국가 공인 심리학자로 활동하며 주로 고위 임원들과 극심한 스트레스에 시달리는 사람들을 대상으로 상담과 코칭을 진행해왔다. 그 과정에서 단순한 색칠 활동이 뇌 회로를 재구성하는 데 어떤 도움을 줄 수 있는지 점점 더 관심을 기울였다. 그 관심은 마침내 마음챙김 컬러링북 『컬러테이션Colourtation』 시리즈를 개발하는 계기가 되었다.

어느 날, 탈리아가 내 사무실을 찾아왔다. 16살 탈리아는 어린 나이에도 극심한 스트레스와 불안에 시달리고 있었다. 광장공포증, 즉 넓은 공간에 대한 두려움이 심해서 밖에 나가는 것조차

버거운 상태였다. 탈리아는 이런 증상이 13~14살 무렵부터 시작되어 점점 나빠졌고, 지난 2년 동안 학교에도 전혀 가지 못하고 있었다. 일상은 물론이고 친구와 가족 관계까지 모두 무너져 버렸다.

탈리아는 증상을 완화하려고 여러 약을 써봤지만, 약을 바꿀 때마다 오히려 상태가 더 악화되었다. 의료진이 새로운 치료법을 제안할 때마다, 그 내용을 '떠올리기만' 해도 두려움이 몰려와 아무것도 할 수 없었다. 나는 탈리아가 지난 3년 동안 만나본 17번째 전문가였다.

탈리아의 부모님은 절박한 심정이었고, 이미 할 수 있는 방법은 다 시도해본 터였다. 이번에도 똑같은 심리 치료였다면 거들떠보지도 않았겠지만, 내가 뇌 회로를 재구성한다는 이야기를 듣고 속는 셈 치고 찾아온 것이었다.

그들이 찾아왔을 때 나는 이렇게 말했다. "좋습니다. 제가 맡아보죠. 요즘 제가 실험 중인 새로운 기법이 있는데, 그걸 탈리아에게 한번 적용해보고 싶습니다."

나는 이렇게 운을 뗀 뒤에 조심스럽게 물었다. "탈리아가 색칠하는 걸 좋아하나요?" 그들은 그렇다고 했다. "그렇다면 좋아하는 색연필을 챙겨 오라고 해주세요. 무엇을 해야 하는지는 탈리아에게 직접 설명하겠습니다."

처음 만난 날, 탈리아는 누구나 그렇듯이 어렸을 때 색칠하기를 무척 좋아했다고 말했다. 그리고는 잠시 머뭇거리더니, 실은 지금도 '여전히' 좋아한다고 털어놓았다.

나는 이렇게 말했다. "내가 요즘 실험을 하나 진행하고 있는데, 네가 그 실험을 좀 도와주면 좋겠어."('실험'이라는 말이 탈리아의 부담을 덜어주었다. 잘되든 말든 결과에 크게 신경 쓰지 않아도 되니까 말이다.)

그리고는 이렇게 덧붙였다. "EEG라는 뇌파 측정 장비를 사용할 거야. 귓불에 전극을 붙이고, 뇌가 몸과 어떻게 소통하는지 살펴보려고 해. 특히 너에게 불안을 유발하는 분비샘과 장기가 뇌와 어떤 식으로 신호를 주고받는지 집중해서 볼 거야."

우리가 측정하려던 것은 화학적 '신호 전달자' 역할을 하는 두 가지 신경전달물질이었다. 하나는 흥분 상태를 유도하는 아드레날린, 다른 하나는 이완을 촉진하는 도파민이었다.

처음에는 그녀의 귓불에 전극을 붙인 뒤, 아무 말 없이 5분쯤 앉아 있게 했다. 그 시간 동안 탈리아는 멍한 표정으로 나를 바라보았고, 나는 이후의 변화를 비교할 수 있는 기준 데이터를 확보했다.

마음챙김의 뇌과학

"이제 시작해볼까? 여기 그림이 몇 가지 있어. 특별한 대상을 그린 건 아니고 단순한 디자인들이야." 나는 이렇게 말하면서 『컬러테이션』에 쓰려고 준비한 도안 몇 장을 탈리아에게 건넸다.

"아무거나 하나 골라봐. 나는 신경 쓰지 말고 색연필을 꺼내서 그냥 칠하면 돼. 언제 멈출지 알려줄게. 5분쯤 지나면 될 거야. 그러고 나서 어떤 변화가 생기는지 한번 보자."

탈리아가 색칠하는 동안, 나는 이렇게 말하며 마음챙김 연습을 권했다. "다른 건 다 잊고 '색칠하는 데만' 집중해봐."

5분이 지나 멈추라고 한 다음 물었다. "어때, 마음이 조금 편해졌니?"

내 물음에 탈리아는 이렇게 대답했다. "네, 믿기지 않을 만큼 편해졌어요."

탈리아를 정말 놀라게 한 것은 색칠 전과 후의 뇌파 측정 결과였다. 그야말로 극적인 변화가 일어났다. 탈리아는 신체적으로도 정신적으로도 이완된 상태였다. 그 결과를 컴퓨터 모니터로 직접 확인할 수 있었다. 기분이 한결 좋아졌고, 그 변화가 수치로 증명되자 더 확신을 품을 수 있었다.

내가 특별히 어떤 색을 쓰라고 지시하지는 않았지만, 탈리아는 주로 검정, 파랑, 보라, 빨강 등 어두운색을 골랐다. 이러한 선

들어가며

택은 그녀의 내면 상태를 그대로 반영했다. 그녀는 압박감에 짓눌려 있었고, 우울함 때문에 불안했으며, 불안함 때문에 다시 우울에 빠지는 상태였다.

두 번째 만남에서 탈리아는 연한 파란색과 짙은 파란색을 조합해 사용했다. 그녀의 뇌파 결과는 더욱 개선되었고, 불안감을 통제할 수 있다는 자신감도 높아졌다. 세 번째 만남에서는 짙은 초록색과 옅은 초록색을 사용하면서 색감 전체가 한결 밝아졌다. 탈리아는 이제 감정과 기분을 좌우하는 뇌 영역을 통제할 수 있다는 사실을 서서히 깨닫고 있었다. 그러한 깨달음은 그녀의 상태를 실시간으로 보여주는 최신 기술 덕분에 더욱 깊어질 수 있었다.

탈리아는 이제 자신의 뇌 회로를 직접 재구성하는 여정에 들어섰다.

♦♦♦

미술 치료의 관점에서 색칠하기가 어느 정도 도움이 될 것이라고는 생각했다. 하지만 탈리아처럼 까다로운 사례에까지 효과가 있을지는 미지수였는데, 이제 그 효과가 과학적으로 입증된 셈이었다. 이 경험으로 탈리아는 자신의 '의식적인' 뇌로 '무의식적인' 뇌를 통제할 수 있다는 사실을 처음으로 체감했다.

그 뒤로 나는 색칠하기와 마음챙김의 치유력에 대해 점점 더 흥미로운 발견을 해나갔다. 그러다 몇 년 전, 경력 초기에 몸담았던 신경과학 분야에 다시 집중하기 위해 심리학자 일을 잠시 내려놓았다.

내 여정은 수학에서 시작되었다. 처음에는 통계학을 전공했고, 이후에는 보건 연구에 통계를 적용하는 분야인 생물통계학으로 박사 학위를 받았다. 이 분야는 당시 신경과학에서 막 떠오르기 시작한 신생 영역이었다. 그러니까 나는 뇌를 연구하는 전문가로 신경과학에 들어선 것이 아니라, 뇌가 어떻게 작동하는지를 측정하는 데 특화된 전문가로 이 분야에 들어선 셈이다. 당시 생물통계학을 계속하지 않았던 이유는 뇌에서 벌어지는 일을 '실시간'으로 입증할 수 있는 기술이 없었기 때문이다.

수십 년이 흐른 뒤, 나는 인지신경과학자로 다시 이 분야에 돌아왔다. "그러니까 그게 정확히 무슨 뜻이죠?"라고 묻는 사람이 있을지도 모르겠다. 신경과학은 뇌가 어떻게 작동하는지를 연구하는 학문이다. 그중에서도 '인지'신경과학은 뇌의 '하드웨어'를 살펴본다. 뇌세포, 신경세포, 백질과 회백질 등 단단한 분홍색 젤

리처럼 생긴 그 모든 것이 어떻게 작동하는지 연구하는 학문이다. 나는 어떤 일이 왜 일어나는지 알고 싶다. 가령 뇌의 특정 부위가 흥분하면서 어떤 분비샘에 신호를 보내고, 그 결과 어떤 물질이 분비되며, 그로 인해 또 다른 반응이 이어지는 '이유'에 관심이 있다. 반면, '행동'신경과학은 '소프트웨어', 즉 그 과정에서 나타나는 행동 측면에 더 집중한다.

수십 년 동안 심리학자로 일하면서 가장 관심을 기울여온 주제는 바로 스트레스다. 요즘 사람들은 스트레스를 달고 산다. 그런데 지난 40여 년 동안 배운 바를 요약하자면, 스트레스는 대부분 '시간이 부족하다'는 불만에서 시작된다고 할 수 있다.

따라서 이 책은 시간이 부족하다고 느끼는 사람들을 위한 책이다. 우리에게 주어진 시간은 하루 24시간뿐이다. 우리는 그 안에 가능한 한 많은 일을 억지로 쑤셔 넣으려 한다. 그리고 그 시간 안에 끝내지 못한 일들 때문에 스트레스를 받는다. 여기다 삶에 영향을 미치는 다른 요인들까지 더해지면서 스트레스는 더 커진다. 이는 결국 스트레스 수준뿐만 아니라 전반적인 건강에도 부정적인 영향을 미친다.

마음챙김은 수많은 잡생각으로 요동치는 우리 뇌를 진정시키는 데 도움이 되는 기술이다. 요즘 같은 시대에는 그런 평온이

마음챙김의 뇌과학

저절로 찾아오지 않는다. 우리가 직접 뇌에 조용히 하라는 신호를 보내야 한다. 그렇게 하면 뇌는 스스로 사고 패턴과 처리 방식을 바꾸려 노력한다. 하지만 당신의 생각이 바람직한 결과와 연결되어 있지 않다면 무슨 일이든 벌어질 수 있고, 대개는 '기대하지 않은' 결과를 내기 마련이다.

하지만 **마음과 몸의 연결**을 개선하면 건강을 더 잘 관리할 수 있다. 마음챙김을 실천해야 하는 가장 중요한 이유가 바로 여기에 있다. 마음챙김을 깊이 실천할수록 뇌와 심장과 면역 체계의 기능까지 향상시킬 수 있다. 이러한 심신 연결은 온갖 질환, 특히 면역 관련 질환에 큰 영향을 미친다. 아울러 제2형 당뇨병 같은 최근 점점 늘어나는 여러 건강 문제와도 깊은 관련이 있다.

◆◆◆

몇 가지 간단한 기법만 적용해도 마음챙김과 심신 연결의 효과를 빠르고 쉽게 얻을 수 있다. 이 책이 전하려는 핵심 메시지가 바로 이것이다.

이 책은 누구나 쉽게 따라 할 수 있도록 구성되었다. 전체는 크게 두 부분으로 나뉜다. 전반부(1, 2, 3장)는 마음챙김이란 무엇이며, 그것을 일상에 어떻게 적용할 수 있는지 살펴본다. 후반부(4, 5, 6장)는 심신 연결을 통해 얻을 수 있는 마음챙김의 장기적 효과를 설명한다. 각 부는 다음과 같은 흐름으로 전개된다. 먼저 주제를 소개하고, 그다음 기술적인 정보를 간단히 설명한 다음, 실생활에 적용할 수 있는 실용적 조언을 제공한다. 짧고 간단한 연습 과제도 함께 제시해 흥미로운 최신 과학을 일상에서 최대한 효과적으로 활용할 수 있도록 돕는다.

이제 시작해보자. 페이지를 넘겨 해로운 스트레스를 없애고 내 몸을 치유하는 새로운 삶의 가능성을 찾는 여정을 떠나보자.

마음챙김이란 무엇인가?

우리 마음이 쉽게 지치는 이유

오늘날 우리는 이전에 비해 체중 관리나 운동, 올바른 식습관에 더 신경 쓴다. 스트레스 관리에 유용한 생활 방식도 더 많이 알고 있다. 그런데도 건강은 오히려 나빠지고 있다. 제2형 당뇨병 같은 생활 습관병은 점점 늘어나고, 스트레스 수준은 걷잡을 수 없이 치솟는다. 도대체 무엇이 잘못된 것일까?

우리는 모두 첨단 기술과 빠르게 돌아가는 세상에 휩쓸려 살아간다. 그 속에는 우리가 제대로 이해하지 못하는 수많은 힘이 작용하고 있다. 이런 세상에서 그 힘이 마침내 우리의 건강에까지 영향을 미치면 문제는 심각해진다.

나는 이런 질문을 자주 받는다. "요즘은 온갖 기술이 도와주니까 세상이 훨씬 더 편해진 거 아닌가요?" 물론 몇 세기 전만 해도 자식의 절반을 잃는 일이 흔했고, 끔찍한 전쟁도 자주 겪었다. 참으로 고통스럽지만, 이러한 일들은 한바탕 몰아치고는 사라지는 것들이었다.

이제 우리는 TV, 컴퓨터, 태블릿, 휴대폰을 통해 매일 밤 거실에서 전쟁을 마주한다. 날마다 아이들이 학교 운동장에서 총에 맞는 끔찍한 소식을 보고, 듣고, 이야기한다. 우리는 늘 스트레스로 가득한 사건에 둘러싸인 채 살아간다. 100년 전이라면 평생 들어보지도 못했을 일들이다. 하지만 지금은 저녁 6시 뉴스만 틀어도 처음 30분은 온통 유혈 사태와 사고 소식으로 가득하다. 우리는 그런 화면 앞에 앉아 생각한다. '이젠 놀랍지도 않네.'

하지만 우리 몸에는 늘 경계 태세를 유지하려는 시스템이 존재한다는 사실을 알고 있는가? 우리가 '의식적으로' 그런 이미지를 차단하더라도 '잠재의식'은 여전히 우리에게 경고를 보낸다. 우리가 여전히 지구상에 존재하는 이유 중 하나인 이 잠재의식 시스템은 끊임없이 이렇게 말한다. "두려워해야 해. 무언가가 우리를 해치거나 위협하거나 죽일지도 몰라." 이러한 두려움은 항상 의식 바로 밑에 깔려 있다. 가령 TV에서 주택 침입 사건을 보면 '우리 집도 언젠가 저렇게 당하는 거 아니야?'라는 생각이 스쳐 지나간다. 그럴 확률은 사실 말도 안 되게 낮다. 그럼에도 그런 장면을 매일 밤 접하다 보면 우리 몸의 스트레스 호르몬은 항상 고조된 상태로 유지된다.

기술은 다양한 방식으로 우리에게 엄청난 압력을 가한다. 사람들의 생계 수단인 단순 업무를 대체하면서 우리를 일터 밖으로 밀어내고 있다. 또, 모든 일을 더 빠르게 처리할 수 있게 만들어 동시에 여러 일을 해내고 더 많은 성과를 내야 한다는 사회적 압박을 높이고 있다.

요즘은 아주 사소한 실수조차 심각한 타격으로 이어질 수 있다! 가령 순간의 실수로 이메일을 엉뚱한 사람에게 보낼 경우, 내용에 따라서는 치명적인 결과가 따라올 수 있다. 우리는 모두 이렇게 사소하지만 파급력이 큰 실수와 늘 마주하고 있으며, 이런 상황 자체가 또 다른 스트레스를 유발한다.

우리는 자기 자신에게 점점 더 높은 성과를 요구한다. 이에 대한 해법으로 흔히 '더 오래 일하기'를 택하지만 오히려 역효과를 낳는다. 뒤처지지 않으려 자신을 더욱 몰아붙이는 많은 사람이 '이제는 한계에 다다른 것 같다'고 의사에게 호소한다. 우리는 점점 더 지치고 무기력해지고 병들어가고 있다.

1장 마음챙김이란 무엇인가?

브로그라는 친구를 만나보자

우리가 자신을 아무리 똑똑하고 세련되었다고 생각하더라도 우리 몸은 여전히 선사시대 조상들과 같은 방식으로 행동하도록 유전적으로 설계되어 있다.

브로그Brog라는 친구가 15만 년 전에 살았다고 상상해보자. 도시나 마을이 생기기 전, 전쟁으로 수많은 생명이 희생되기 훨씬 전의 일이었다. 브로그의 일상은 대부분 생존에 기반을 두고 있었다.

브로그는 먹을 것을 구하기 위해 사냥을 나서야 했다. 위험천만한 일이었지만 꾸준히 수행하지 않으면 생존하기 어려웠다. 인간의 뇌가 진화하는 데 단백질이 결정적 역할을 했기에 어떻게든 고기를 구해야 했다.

자연은 브로그가 이런 험난한 환경에서도 살아남을 수 있도록 최적의 신체 능력을 갖추게 했다.

브로그는 사자처럼 크고 위험한 동물을 마주쳤을 때 싸울지 도망칠지를 순식간에 결정해야 했다. 그 상황을 '도전'으로 볼지, '위험'으로 볼지에 대한 판단이 생사를 갈랐다.

"아하! 이빨과 발톱을 가진 털 달린 먹잇감이네! 어이, 누가 불

좀 피워!"

"아, 이런! 큰일 났다. 어서 도망쳐!"

이를 **투쟁-도피 반응**이라고 한다.

투쟁-도피 반응이 일어나도록 **SAM 시스템**(교감 부신수질 시스템)이라는 생물학적 메커니즘이 진화했다. SAM 시스템에서는 위험을 감지하는 역할을 하는 **교감신경계**를 통해 뇌의 시상하부가 신장 위에 있는 부신에 신호를 보낸다. 이 신호는 부신의 한 부분인 **부신수질**에 도달하며, 여기서 **아드레날린**(에피네프린)이라는 호르몬이 분비된다. 이 호르몬은 온몸을 빠르게 순환하며 즉각적인 반응을 유도한다.

고속도로에서 누군가 깜빡이도 켜지 않은 채 당신 앞에 불쑥 끼어들었던 순간을 기억하는가? 그때 당신은 소스라치게 놀라며 정신이 번쩍 들었을 것이다. 마치 전기 충격을 맞으면서 진한 커피까지 들이켠 듯한 느낌을 받았을 것이다. 그것이 바로 아드레날린 호르몬의 작용이다. 당신은 그 순간 브로그식 '투쟁-도피' 반응을 겪었다.

아드레날린은 위의 소화를 멈추게 하고 에너지와 혈액을 근육 쪽으로 집중시킨다. 이 반응 덕분에 당신은 둘 중 하나를 선택할 수 있게 된다. 하나는 '남자'답게 싸우는 선택으로, 흔히 욕설을

1장 마음챙김이란 무엇인가?

내뱉거나 경적을 빵빵 울리거나 상대 운전자에게 가운뎃손가락을 날린다. 다른 하나는 에너지를 끌어모아 그 자리를 벗어나는 것이다.

에너지가 포도당 형태로 방출되며 즉각적인 행동을 준비시킨다. 심장박동이 빨라지고 동공이 확장된다. 그와 동시에 부비강과 다른 점막에서는 점액 분비가 멈춘다. 이 순간, 우리의 온몸은 한 가지 목표에만 집중한다. 싸울 것인가, 아니면 최대한 빨리 도망칠 것인가? 아드레날린이 온몸을 휘감고 돌 때, 그야말로 정신이 번쩍 든다. 그것은 자연이 우리 몸에 선사한 천연 카페인이다.

도전이나 위험 상황이 지나가면 뇌는 교감신경계에서 부교감신경계로 전환된다(부교감신경계는 내장 기관이 평소처럼 작동하도록 관리하는 시스템이다). 부교감신경계에서는 점액 분비가 재개되고, 심장박동과 호흡 속도가 느려지며, 소화 기능도 다시 활성화된다(교감신경계와 부교감신경계에 관해서는 5장에서 더 자세히 살펴볼 것이다).

흥미롭게도 성적 흥분과 오르가슴, 오르가슴 이후의 잔잔한 여운 역시 교감신경계에서 부교감신경계로 전환되는 동일한 과정을 거친다. 성적인 각성과 위험한 상황에서의 신체적 각성 사이에는 직접적인 생물학적 연관성이 있다. 그러고 보면 이 둘을 혼동하는 사람들이 있는 것도 놀라운 일은 아니다.

외부 위협 vs. 내부 위협

SAM 시스템은 원래 거칠고 위험한 세상에서 생존을 위협하는 **외부 위협**에 대처하기 위해 설계되었다. 당시에는 식료품점 같은 곳이 없었기에 브로그는 생존을 위해 직접 사냥에 나서야 했다. 동물이나 다른 인간과의 싸움에서 입은 심각한 부상이든, 원시 환경에서 생활하다 입은 단순한 찰과상이든, 브로그가 오랫동안 다치지 않고 살아갈 가능성은 극히 희박했다. 브로그가 직면한 도전과 위험은 대부분 외부에서 오는 단기적인 것이었다. 그런 환경에서는 SAM 시스템이 이상적이었다.

하지만 오늘날 우리가 살아가는 세상은 그때와 확연히 다르다. 당신이 아는 사람 중에 '선택'이 아니라 '생존'을 위해 매일 위험한 야생동물과 마주해야 하는 이가 몇이나 있는가? 혹은 먹을 것을 구하기 위해 여전히 야생동물을 사냥하러 나서는 사람이 과연 몇이나 있는가? 아울러 일상생활에서 상처를 입는 일도

1장 마음챙김이란 무엇인가?

예전보다 훨씬 드물다.

우리는 이제 대규모 공동체를 이루며 살아가고, 각 구성원은 서로에게 일종의 보호막이 되어준다. 환경에서 오는 외부 위협도 대부분 사라졌다. 식량 공급도 체계적으로 관리되어 돈만 있으면 무엇이든 다 살 수 있는 세상이 되었다(물론 그 돈을 벌기 위한 일자리를 구하는 것은 별개의 문제다).

범죄를 포함한 외부 위험은 여전히 존재하지만, 이를 규제하는 제도적 장치가 마련되어 있다. 더 안전한 동네로 이사하거나 보안 시스템을 설치하는 등 이런 위험에 대처하는 데 어느 정도 선택권이 있는 사람도 많다. 물론 지금도 외부 위험이 여전히 큰 지역이 존재한다. 하지만 그런 곳조차도 15만 년 전 브로그가 살던 시대에 비하면 훨씬 덜 극단적이다. 오늘날 대다수 사람에게 위협은 더 이상 외부에서 오지 않는다. 우리가 직면하는 위협은 대부분 내부에서 비롯된다. 여기에는 실패나 거절에 대한 두려움과 불안이 포함된다.

하지만 우리는 실제(외부) 위험과 가상(내부) 위험을 구분할 수 있지 않은가? 그런데 왜 실패에 대한 두려움 앞에서 마치 굶주린 호랑이를 마주한 것처럼 반응할까? 어째서 이런 일이 일어나는 것일까?

마음챙김의 뇌과학

이 질문에는 두 가지로 답할 수 있다.

1. '의식'은 실제 위험과 가상 위험을 구분할 수 있지만, 무의식은 그렇지 않다. 무의식은 현실과 상상을 구분하지 못한다. 악몽을 꾸다가 식은땀을 흘리며 잠에서 깼을 때 심장이 쿵쾅거린 적이 있는가? 당신은 분명히 침대에 안전하게 누워 있었지만, 몸은 악몽 속 이미지에 실제 위협처럼 반응한 것이다. 마찬가지로, '그 사람이 떠나면 나는 죽고 말 거야' 같은 생각도 무의식은 진짜 생명의 위협처럼 여길 수 있다. 또 하나 기억해야 할 중요한 사실은 우리 몸이 의식보다 무의식에 '더 강하게' 반응한다는 점이다(이에 관해서는 2장에서 더 자세히 알아볼 것이다).

2. '행동 조건화'라는 현상을 입증하는 증거는 많다. 이 현상을 처음으로 기록하고 연구한 사람은 이반 파블로프Ivan Pavlov였고, 그의 연구는 1928년에 발표되었다. 파블로프는 개에게 먹이를 줄 때마다 종을 울려서 '조건반사' 반응을 유도했다. 일정 시간이 지나자 종을 울리기만 해도 먹이를 줄 때처럼 침을 흘리게 할 수 있었다. 개는 먹이와 종소리를 연관 짓도록 조건화되었다. 이 연관관계는 '먹이를 주지 않고' 종만 울릴 때도 계속 유지되었다. 요

컨대, 원시인류의 원형인 브로그의 시대부터 인간은 위험에 특정한 방식으로 반응하도록 유전적으로 조건화되어왔다. 그 시절에는 실제 부상이나 고통이 실패와 직결되었다. 오늘날에는 실패한다고 해서 '실제' 위험이 따르지 않는데도, 그 연관성은 여전히 우리 안에 깊숙이 남아 있다. 오래전에는 실패하면 정말로 생명이 위태로울 수 있었다. 오늘날에는 그런 일이 드물지만, 우리의 몸과 마음은 여전히 그 위험을 실제처럼 '느낀다'. 이런 반응은 실패에만 국한되지 않는다. 우리는 '감정적 상처'조차도 실제 부상을 두려워했던 것과 같은 방식으로 두려워한다.

단기 스트레스 vs. 장기 스트레스

아이러니하게도, 믿음이나 인식처럼 내부에서 비롯된 위협과 불안은 배고프고 성난 사자보다 다루기가 더 어렵다.

사자를 마주하게 되면 싸워서 이길 수 있을지, 아니면 도망쳐 살아남아야 할지 금방 알아차린다. 둘 다 불가능하다면? 그 사실조차 깨달을 새도 없이 죽을 것이다! 어쨌든 그런 위험은 아주 짧은 시간 안에 어떤 방식으로든 결판이 난다.

마음챙김의 뇌과학

일반적으로 아드레날린의 급증은 면역 체계에 일시적인 상승 효과만 준다. 연구에 따르면, 무서운 영화를 보거나 갑작스러운 공포를 겪는 등 단기적 사건은 아드레날린 수치를 순간적으로 끌어올리지만, 이 수치는 금세 가라앉아 15~30분 안에 정상으로 돌아온다.

하지만 거절이나 실패에 대한 두려움은 몇 달, 심지어 몇 년 동안 지속되기도 한다. 이런 '위험'은 만성적이고 장기적이다. **우리 몸은 장기적 위협을 견디도록 설계되지 않았다.** 이것이 문제의 핵심이다. 아드레날린 분비 자극이 장시간 이어지면 SAM 메커니즘이 역효과를 일으킨다. SAM 시스템은 단기적 사건과 상황에서는 매우 효과적으로 작동하지만, '위험'에 대한 인식이 장기화되면 오히려 파괴적으로 변한다.

우리 사회에서 흔히 들려오는 '최고가 되어야 한다' '반드시 이겨야 한다' '무슨 수를 써서라도 실패는 피해야 한다'라는 구호는 이런 문제의 전형적인 사례다. 가족과 휴식은 뒷전으로 미룬 채, 밤낮없이 일하며 정상에 오르는 사람들의 이야기를 담은 다큐멘터리영화나 TV 프로그램이 얼마나 많은가? 그들은 사람들의 존경을 받고 빠르게 승진한다. 하지만 결국 탈진하거나 만성질환에 시달리거나, 심장마비로 쓰러지면서 그 직업을 오래

1장 마음챙김이란 무엇인가?

유지하지 못한다는 사실은 거의 주목받지 못한다.

끊임없는 도전에 시달리는 고위 임원의 삶을 떠올려보자. 지속적 압박은 SAM 시스템의 과도한 활성화로 이어지고, 결국 심장에 손상을 일으킨다. 실패를 피하고 무슨 수를 써서라도 이기려는 강박적 욕구는 흔히 **스트레스성 권력 증후군**stressed power syndrome이라 불린다(이 문제는 6장에서 다시 다룬다).

결혼, 이혼, 배우자의 사망, 이사, 이직, 시험 같은 삶의 중대한 사건도 비슷한 영향을 미칠 수 있다(5장에서는 면역 체계를 약화시킨다고 알려진 다양한 삶의 환경과 심리적 요인을 더 자세히 살펴볼 것이다).

하지만 이러한 사건을 어떻게 '인식하느냐'에 따라 우리의 반응과 결과는 크게 달라진다. 몇 가지 예를 들어보자.

1. 배우자와 이혼한 뒤, 그 결혼이 자신의 전반적 가치를 깎아내리는 것이 아니라 단순한 실수라고 받아들인다면 그 영향은 비교적 단기간에 끝날 가능성이 크다. 하지만 이혼을 근본적인 실패로 여기거나, 자신에게 문제가 있다는 신호로 인식하거나, 다시는 자신을 사랑해줄 사람을 찾지 못할까 봐 걱정한다면 그 여파는 전혀 다르게 나타날 것이다.

마음챙김의 뇌과학

2. 직장 생활이나 결혼 생활에 불만을 느낄 때 상황을 바꾸기 위해 직접 행동에 나선다면 그 불만은 비교적 빠르게 해소될 수 있다. 하지만 직장이나 결혼의 '틀에 갇혀서' 도저히 벗어날 수 없다고 생각한다면 무력감과 절망감이 뒤따른다. 이는 결국 장기적이고 만성적인 스트레스로 이어질 수 있다.

스트레스는 사건 자체가 아니라 그 사건에 대한 당신의 인식이나 믿음이나 판단 때문에 생긴다는 사실을 명심하라.

스트레스가 많은 사건 자체는 존재하지 않는다. 같은 일을 겪더라도 어떤 사람은 긍정적이고 도전적인 경험으로 받아들이지만, 어떤 사람은 파괴적인 경험으로 느끼기 때문이다. 극단적인 예로, 사랑하는 사람의 죽음을 들 수 있다. 그 죽음이 갑작스럽게 찾아왔다면 상실감이 엄청날 것이다. 하지만 오랜 투병 끝에 떠났거나 천수를 누리고 떠난 경우라면 남겨진 사람은 오히려 평온함과 안도감을 느낄 수도 있다.

1장 마음챙김이란 무엇인가?

스트레스를 받을 때 우리 몸에서 일어나는 일

실제 위협이나 위협으로 '인식된' 상황에 의해 SAM 시스템이 활성화되면 신경전달물질이라 불리는 화학물질이 분비된다. 대표적인 것이 앞서 살펴본 **아드레날린**이다. 이러한 신경전달물질은 신경 경로를 따라 이동하면서 서로 반응을 주고받는다. 하나의 아드레날린 신경세포가 다른 아드레날린 신경세포를 만나면 접촉을 통해 서로 신호를 주고받고 그 과정에서 호르몬 분비가 촉발된다.

이때 분비되는 호르몬이 바로 **코르티솔**이다.

싸우거나 도망쳐서 살아남든, 허위 경보였음을 알게 되든 간에 일단 위협이 해소되고 나면 몸의 반응 시스템이 서서히 진정되고 부교감신경계가 다시 주도권을 잡는다. 이때 부교감신경계는 **도파민**이라는 또 다른 신경전달물질을 분비해 몸을 이완시킨다. 도파민은 일반적으로 **세로토닌**의 분비를 유도하고, 세로토닌은 체내에 남아 있는 코르티솔을 무력화한다.

과학자들이 최근에야 밝혀낸 사실은 코르티솔이 신속하게 배출되어야 한다는 것이다. 그런데 현실은 그렇지 못하다. 우리는 코르티솔이 몸속에 계속 머무는 세상에서 살고 있다. 스트레스

마음챙김의 뇌과학

상황이 한참 지난 뒤에도 우리 몸은 여전히 아드레날린을 분비하며 긴장 상태를 유지한다.

욕조 물에 비유해보자. 물을 바로 빼내면 아무 흔적도 남지 않는다. 하지만 물을 한참 놔두면 나중에 빼더라도 욕조에 물때가 남는다.

코르티솔이 뇌에 너무 오래 머물면 실제로 그런 현상이 일어난다. 게다가 그런 일이 자주 일어나는 사람도 많다. 하루 종일 신경이 곤두선 상태로 살아가는 것이다. 욕조의 물때에 해당하는 뇌의 물질은 **아밀로이드 단백질**이다. 이 단백질은 실제로 뇌와 심장의 혈관에 축적되어 건강에 심각한 문제를 일으킨다. 그 영향이 어디까지 미치는지는 이제 막 밝혀지기 시작한 단계다 (자세한 내용은 4장을 참고하라).

다음 페이지의 표는 SAM 시스템이 활성화될 때 무슨 일이 일어나고 그 이유가 무엇인지, 이 시스템이 장기간 작동할 때 우리 몸에 어떤 영향을 미치는지 잘 보여준다.

1장 마음챙김이란 무엇인가?

반응	목적	장기적 영향
심장박동 증가	혈액을 더 빠르게 순환시킴	고혈압
호흡 가속화	혈중 산소 농도를 높임	횡격막(호흡근) 피로에 따른 흉통
소화작용 중단	장에서 근육으로 혈류를 돌림	위궤양
머리, 손, 발에서 혈액 이탈	근육에 혈액을 집중시킴	수족 냉증, 편두통
혈액응고 촉진	상처가 났을 때 출혈을 최소화함	혈전, 뇌졸중, 심장마비
혈류로 당분과 인슐린 방출	에너지 수준을 빠르게 높임	저혈당, 만성피로
근육으로 스트레스 신호 전달	즉각적인 행동을 준비함	근육 피로

스트레스를 과도하게 받고 있다는 신호는 다양하게 나타나지만, 다음 다섯 가지는 확실한 징후로 알려져 있다.

1. 신체적 문제와 질병이 늘어난다(자세한 내용은 4, 5, 6장 참고).

2. 인간관계에서 문제가 많아진다.

3. 부정적인 생각과 감정이 자주 떠오른다.

4. 나쁜 습관이 뚜렷하게 증가한다.

5. 피로가 쌓인다.

그렇다면 이제 어떻게 해야 할까? 우선 경고 신호를 보내준 자연에 감사하고, 무언가 변화를 주겠다고 다짐하라. 또 무엇이 스트레스를 주는지 정확히 파악하고, 그 문제를 해결할 선택지를 찾아보라. 앞으로 살펴보겠지만, 핵심은 시간이 아닌 에너지를 관리함으로써 생활 방식을 바꾸는 데 집중하는 것이다(물론 과거에 깊은 트라우마가 있다면 이 책에서 제시하는 방법만으로는 부족할 수 있고, 좀 더 전문적인 개입이 필요하다).

지금 당장 스트레스 수준을 조절하기 위한 실질적 조치를 취할 수 있다. 단기적인 급성 스트레스는 물론, 장기적인 만성 스트레스에도 효과가 있는 방법이 있다. 이 방법은 심지어 놀라울 만큼 간단하다. 바로 '마음챙김'이다.

1장 마음챙김이란 무엇인가?

마음챙김, 어떻게 실천해야 할까?

마음챙김은 음악의 '쉼표'와 같다.

쉼표는 음악이 잠시 멈추는 지점이지만, 곡 전체의 리듬 안에서 자연스럽게 이어지는 **침묵의 순간**이다. 그 짧은 정적은 음악만큼이나 중요하다. 쉼표가 음악을 더 풍성하게 하듯, 마음챙김도 우리 삶에 깊이를 더해준다.

마음챙김은 분주하게 돌아가는 뇌 활동에서 잠시 벗어나게 해주는 쉼표라고 할 수 있다. 머릿속을 가득 채운 잡음을 조용히 내려놓는 순간이다.

사람은 날마다 6만 개가 넘는 생각을 한다. 그리고 그런 생각이 불러일으키는 수많은 감정이 뇌 안에서 소용돌이친다. 이 과정에서 우리는 정작 몰두해야 할 일에 주의를 기울이지 못한 채 지나치기 일쑤이고, 설령 그 사실을 알아차리더라도 다시 주의를 돌리는 일은 더욱 드물다. 평균 주의 집중 시간은 8초에서 9초에 불과하다.

끊임없이 밀려드는 생각과 감정과 감각에 압도된 뇌가 혼란스러워지고 집중력을 잃는 것은 어쩌면 당연한 일이다. 머릿속이 흐릿하고 복잡할 때, 자신은 제대로 일한다고 생각할 수 있지만 실제로는 그렇지 않을 가능성이 크다.

뇌를 스노 글로브snow globe라고 생각해보자. 스노 글로브를 흔들면 눈송이가 흩날리며 뿌옇게 변한다. 이는 우리가 걱정하거나 분노하거나 산만해지거나 흥분하거나 스트레스받을 때, 그리고 온갖 생각과 감정이 소용돌이칠 때, 우리 뇌에서 일어나는 일과 매우 흡사하다.

스노 글로브를 더 이상 흔들지 않고 그냥 바라보고 있으면 눈송이가 바닥으로 서서히 가라앉는다.

1장 마음챙김이란 무엇인가?

　이것이 바로 마음챙김이 우리 뇌에 미치는 영향이다. 마음챙
김은 뒤엉킨 생각과 감정을 정리해주고, 우리를 더 편안하고 더
집중할 수 있는 상태로 이끌어준다.

　신체적 측면에서 보면 마음챙김은 체내에 쌓인 코르티솔을 제
거하고, 도파민과 그에 따른 세로토닌의 분비를 촉진한다. 하지
만 스트레스를 받을 때, 이 두 호르몬은 자연스럽게 체내에서 사

마음챙김의 뇌과학

라진다. 버스가 곧 당신을 칠 것 같은 상황에서 우주의 신비를 곰곰이 생각할 여유가 있겠는가? 그 순간 뇌는 당장 몸을 피해야 할지, 아니면 그대로 있다가 죽음을 맞이할지 판단하느라 정신이 없다.

마음챙김은 투쟁-도피 반응과 정반대인 깊은 이완 상태를 유도한다. 그 결과, 다음과 같은 긍정적 효과를 가져온다.

- 에너지를 재충전하도록 돕는다.
- 상황을 객관적으로 바라보도록 돕는다.
- 감정과 신체의 회복을 자연스럽게 촉진한다.
- 삶에 대한 통제감을 느끼게 한다.
- 주변 사람들에게 스트레스를 풀지 않도록 돕는다.
- 스트레스를 극복하고 일어설 회복탄력성을 길러준다.
- 창의성과 집중력을 높여준다.

그렇다면 코르티솔과 도파민의 건전한 균형을 유지하도록 시스템을 회복하려면 얼마나 걸릴까? 단 1밀리초(1,000분의 1초)면 충분하다. 그 짧은 순간이면 코르티솔로 가득한 '긴장 상태', 즉 의자 끝에 걸터앉아 이를 악물고 살아가는 세상, 대다수 사람이

1장 마음챙김이란 무엇인가?

하루 종일 머무는 그 세상에서 벗어날 수 있다.

마음챙김이란 무엇인가?

그렇다면 마음챙김은 정확히 무엇인가?

예전에는 이완, 최면, 명상, 요가 같은 단어를 주로 사용했다. 마음챙김이라는 용어는 이 모든 것에서 본질적 핵심만 뽑아낸, 비교적 새로운 개념이다. 그 핵심이란 지금 이 순간 내가 어디에 있는지 인식하고, 내가 하는 활동에 온전히 집중하며, 그 밖에 다른 것들에서 마음을 분리해내는 능력이다.

명상의 효과는 이제 널리 알려지고 받아들여졌다. 명상은 긴장을 풀고 마음의 평온을 되찾는 데 단연 효과적인 방법으로 손꼽힌다. 특히 고혈압을 낮추는 효과는 19건이 넘게 반복된 연구를 통해 과학적으로 입증되었다.

하지만 마음챙김이 명상 그 자체를 의미하지는 않는다. 마음챙김을 할 때는 20분에서 30분 동안 아무 생각 없이 앉아 있을 필요가 없다. 대신 산만한 생각을 조금씩 흘려보내고 '집중하는' 능력을 키우는 과정을 익혀야 한다.

마음챙김의 뇌과학

마음챙김이란 **지금 이 순간, 의도적으로, 특정한 방식에 따라, 판단하지 않고 무언가에 주의를 기울이는 것이다.**

좀 더 자세히 살펴보자.

지금 이 순간: 현재 떠오르는 과거나 미래에 관한 생각을 다 흘려보내는 것을 뜻한다. 이렇게 말해보라. "지금 내가 하려는 일에 집중하되, 그 밖의 생각은 다 내려놓고 편안해지자."

의도적으로: 당신이 선택한 과제에 주의를 기울이겠다고 '의식적으로 결정하는 것'을 뜻한다. 당신의 의도는 적어도 앞으로 몇 분 동안, 원한다면 더 오랫동안 지금 하는 일에 완전히 몰입하는 것이다. 당신은 그런 의도를 실제로 뇌에 '알려야' 한다. 그렇지 않으면 뇌는 당신이 무엇을 하려는지 모른 채, 감정 상태나 정신적 에너지, 신체적 필요에 따라 임의로 우선순위를 정해 작동하려 든다. 의도를 분명히 알려주지 않으면 뇌는 다음에 해야 할 일이나 수많은 다른 생각, 심지어 삶의 의미 같은 전혀 관련 없는 문제에 빠져들면서 금세 집중에서 벗어나게 된다. 주의를 기울이는 것은 뇌 에너지를 엄청나게 소모하는 일이다. 하지만 긴장을 풀고 지금 하는 일에 집중한다면 그 결과는 매우 유익할 것이다.

특정한 방식에 따라: 당신이 선택한 과제에 온전히 '집중하는'

1장 마음챙김이란 무엇인가?

것을 뜻한다. 지금 하는 일에만 주의를 기울이고 그 밖의 생각은 다 내려놓아야 한다. 지금은 청구서 걱정을 하거나 은행에서 보낸 대출 상환 문자 메시지를 떠올릴 시간이 아니다. '이런저런 잡생각을 떠올리는 시간'도 아니다. 오히려 '생각을 비우는 시간'이다.

판단하지 않고: 과제에 집중하는 동안 자신을 평가하거나 비판하지 마라. 잘해야 한다는 압박감이나 다른 사람과 비교하려는 마음도 내려놓아야 한다. 마음챙김의 중요한 특징은 경쟁도 없고, 마감도 없으며, 어떤 기대에도 얽매이지 않는다는 점이다. 마음챙김은 **결과**가 아니라 **과정**에 집중하는 태도다.

무언가에 주의를 기울이는 것: '무언가'는 당신이 주의를 기울이기로 선택한 어떤 것이든 될 수 있다. 흔히 호흡에 주의를 기울이는 것으로 시작하지만(3장 163쪽 참고), 이 장 뒷부분에서 소개할 마음챙김 활동 중 하나에 주의를 기울여도 좋다.

일상 속 다양한 활동이 마음챙김을 실천하는 데 도움을 줄 수 있다. 무엇보다도 스위치를 끄고 긴장을 풀며 체내의 코르티솔을 배출하는 데 도움이 되는 일을 실천해야 한다.

많은 사람이 '바디 스캔body scan'이라는 마음챙김 기법을 활용한다(135쪽 참고). 바디 스캔이란 발끝부터 머리 꼭대기까지 순

마음챙김의 뇌과학

차적으로 올라가면서 압박감이나 긴장이 느껴지는 부위를 찾아 내고, 그 긴장을 의식적으로 풀어주는 것이다. 그렇게 하면 몸 전체가 깊은 이완 상태, 즉 마음챙김 상태에 들어간다.

신앙이 있는 사람들은 반복적이고 리듬감 있는 기도를 통해 마음챙김 상태에 이르기도 한다. 교회 같은 종교 공간에 머물기만 해도 외부 세계의 요구에서 벗어나는 데 도움이 된다. 어떤 사람들은 다양한 심호흡 기법을 활용해 마음의 평온을 찾는다.

우리가 이완을 어렵게 느끼는 이유 중 하나는 집중과 반복을 통해 '자연스럽게' 마음챙김을 끌어내던 전통적인 활동들이 기술의 발달로 불필요해졌기 때문이다. 예전에는 정원을 가꾸거나 뜨개질을 하던 사람들이 이제는 정원사를 고용하고, 스카프나 스웨터를 사 입는다. 애완견 산책조차 돈 주고 맡기는 사람도 있다. 많은 이에게 마음챙김은 시간이 좀 더 여유롭고 스트레스가 덜하던 시절의 '느린' 활동을 다시 발견하는 과정이다. 이러한 활동 가운데 상당수가 최근에 다시 주목받고 있다.

마음챙김 활동은 공예처럼 기술이 필요한 것일 수도 있고, 그림 그리기처럼 약간의 솜씨만 필요한 것일 수도 있다. 하지만 어떤 활동은 기술이 전혀 필요하지 않다. 산책을 하거나 아침 식사를 할 때, 설거지를 하거나 연인과 함께 있는 순간에도 우리는

1장 마음챙김이란 무엇인가?

마음챙김을 수행할 수 있다. 앞서 살펴보았듯이, 마음챙김은 '지금 이 순간 하고 있는 일'에 온전히 주의를 기울이는 것이다. 마음이 방황하는 것을 알아차리는 순간, 가능한 한 빨리 지금 하는 일로 주의를 돌려야 한다. 또, 그 활동에는 **반복, 패턴, 통제**라는 세 가지 요소가 포함되어야 한다. 예를 들어, **양치질**도 마음챙김의 한 방식이 될 수 있다. 한 방향으로 닦고, 다시 반대 방향으로 **반복해** 닦으면서 일정한 패턴을 만들어낸다. 이 과정은 일정한 경계 안에서 이루어진다. 즉, 입 밖으로 나가지 않고 안에서만 진행된다. 그런데 만약 그 경계를 벗어나면 어떻게 될까? 패턴이 무너지고 **통제**도 사라진다. 그 순간 당신은 당황할 것이다. 얼굴에 치약이 잔뜩 묻을 테니까!

샤워 중에도 마음챙김을 실천할 수 있다. 뜨거운 물의 감촉에 휩싸이면, 우리는 쉽게 상상의 나래를 펼친다. 하지만 샤워기 아래 서서 물이 몸에 닿는 감각에 의도적으로 집중해보자. 물이 팔과 다리와 등을 타고 흘러내리는 느낌을 음미하고, 미묘하게 식어가는 물의 온도 변화를 감지하다 보면 그 이완 효과는 실로 놀라울 것이다. 이때의 의도는 샤워 중인 당신 자신과 물의 감각을 알아차리는 것이다(참고로, 나는 악몽을 꾸는 아이에게 가장 먼저 목욕을 추천한다. 우유를 한 잔 주고 뜨거운 물에 몸을 담그게 하라. 그것

마음챙김의 뇌과학

만으로도 이완 반응이 촉진되어 아이의 야경증이 사라질 것이다. 장담한다!).

이런 활동이 뇌에 긍정적 영향을 미치게 하려면 무엇보다 **결과가 아니라 과정에 집중해야 한다.** "내 그림/자수/목공이 얼마나 멋지지?"와 같은 결과 중심의 사고는 뇌를 **경쟁 상태**로 몰아넣는다. 그 순간, 이전까지 분비되던 좋은 화학물질의 흐름이 끊길 것이다. 그러면 뇌는 오직 한 가지 방향, '이겨야 한다'라는 목적만을 향해 좁게 작동한다. 자기 자신과의 경쟁이라 해도 예외는 아니다.

그러니 좋아하는 활동을 하나 골라보라. 자신에게 부담을 주지 말고, 결과를 걱정하지도 마라. 뜨개질은 많은 사람이 즐기는 취미이지만, 어떤 이들에겐 썩 유쾌한 경험이 아닐 수 있다. 마음에 들지 않거나 끝내 완성하지 못한 스카프가 서랍에 한가득 들어 있기 때문이다. 또 어떤 사람들은 퍼즐 맞추기를 좋아하지만, 기한을 정해두고 그 안에 끝내려다 오히려 스트레스를 받는다. 이런 방식은 전혀 생산적이지 않다. 하지만 조각의 위치를 고민하고 맞춰보며 그림을 완성해나가는 과정에 몰입한다면, 그 자체로 보람 있는 마음챙김 경험이 될 수 있다.

3장에서 더 많은 마음챙김 활동과 실천법을 소개하겠다.

1장 마음챙김이란 무엇인가?

컬러테이션 기법

누구나 매일 마음챙김 활동을 실천할 시간과 기회와 여유가 있으면 좋겠지만 실상은 그렇지 않다. 직장이나 학교에 다니는 사람이라면 특히 더 그렇다. 이런 사람들을 위해 나는 색칠 명상, 즉 컬러테이션 기법을 개발했다.

사무실에서 마음챙김 하기

나는 임상심리학자로 30년 넘게 활동하면서 과중한 업무로 스트레스에 시달리는 임원들을 수없이 만났다. 그럴 때면 일단 현실적인 말부터 꺼냈다. "직장을 바꾸셔야 합니다. 하지만 그게 쉽지 않다는 걸 잘 압니다. 황금 족쇄가 채워져 있으니까요. 가족을 부양하고 주택 담보 대출도 갚아야 하니 결국 쳇바퀴 안에 갇혀버린 거죠." 그러고는 마침내 이렇게 조언하고는 했다. "일단 좀 쉬세요. 달리기를 하든 심호흡을 하든 명상을 하든, 자신을 위해 뭐라도 해보세요."

하지만 호흡이나 명상을 시도했던 임원 가운데 상당수는 금세 다시 찾아와 이렇게 털어놓았다. "아, 스탠, 이게 효과가 있는지 모르겠어요. 앉아서 해보긴 했는데, 회사에서 안고 있는 문제만 계속 떠오르더군요. 그러다 보니 15분, 30분, 때로는 한 시간이 홀쩍 지나버렸죠. 마음속 주문에 집중도 안 되고, 생각은 자꾸 딴 데로 새고… 도저히 안 되겠더라고요."

이러한 반응도 자주 접한다. "자꾸 까먹어요." "하다 보면 어느새 잠들어요." "이게 대체 무슨 짓인가 싶고, 지루하기만 해요."

그중에서도 압도적으로 많은 반응은 바로 이것이다. "시간이 없어요!"

사실 사람들은 대부분 명상이나 요가나 마음챙김에 대해 알고 있다. 하지만 이러한 활동을 '시간이 많이 드는 일'로 인식하기에 결국 실천하지 않게 된다. 왜 그럴까? 우리 뇌는 에너지를 관리하는 기관이다. 그래서 어떤 활동이 큰 부담을 줄 것 같으면, 가령 명상 수업에 가는 데 30분, 듣는 데 30분, 다시 돌아오는 데 또 30분이 걸린다면 뇌는 무의식적으로 그 활동을 '시간 낭비'로 판단한다. 그래서 그 활동을 우선순위에서 밀어낸다. 결국 명상 수업은 한 번도 가지 않게 된다.

나도 그냥 하나 마나 한 잔소리를 늘어놓을 수 있었다. "휴대폰 좀 그만 보세요. 회의는 줄이고, 잠들기 직전에 컴퓨터 보는 습관도 이젠 고치셔야죠." 하지만 그런 식의 접근은 더 이상 통하지 않았다. 디지털 시대를 살아가는 사람들에게는 그들에게

1장 마음챙김이란 무엇인가?

맞는 전혀 다른 방식이 필요했다. 진료실에서 날마다 마주하는 문제들을 해결할 다른 길이 반드시 있어야 했다. 무엇보다도 뇌 속에 쌓인 코르티솔을 '신속하게' 제거할 방법이 필요했다.

학교에서 마음챙김 하기

나는 회사 임원들뿐만 아니라 아주 어린 유아나 초등학생을 대상으로 학교 현장에서도 심리 지원을 꾸준히 해왔다. 아이들이 얼마나 쉽게 스트레스를 받는지는 교사들과 몇 마디만 나눠봐도 금세 알 수 있다. 꼭 정신적으로 문제가 있거나 삶에 큰일이 생겨서 그런 것이 아니다. 요즘 시대가 아이들에게 복합적인 압박을 가하기 때문이다. 우리는 모두 어느 정도 압박 속에 살아간다. 그 압박이 방향을 잡아주는 힘이 되기도 하지만, 스트레스와 고통도 따른다. 지나치게 예민한 아이들이 있는가 하면, 어떤 일에도 크게 동요하지 않는 아이들도 있다. 극과 극처럼 보이지만, 사실은 모두 같은 반응 범위 안에 있다. 좀 더 나이가 들면 호르몬 변화와 여러 외부 요인도 끼어든다. 그리고 이 모든 것이 학습에 영향을 미친다.

예전에는 교사들이 이런 문제를 대수롭지 않게 넘기면서 아이들에게 그저 "조용히 해라" "진정해라"라고 말하고는 했다. 하지

마음챙김의 뇌과학

만 지금은 학교 현장의 인식이 크게 달라졌다. 스트레스를 조절하고 이완하는 방법을 어릴 때부터 가르치면, 더 많은 아이가 건강하고 안정적으로 성장할 수 있다는 사실을 깨달은 것이다. 이러한 흐름은 이제 전 세계적으로 확산되고 있다. 실제로, 미국의 신경과학자이자 심리학자인 마틴 셀리그먼Martin Seligman은 이 분야에서 활발한 연구를 진행해왔다. 그 결과, '정상' 범주에 속하는 아이들의 비율이 꾸준히 증가하고 있다.

스마트폰, 태블릿, 컴퓨터가 일상이 된 현대사회에서도 색칠하기는 여전히 손과 눈의 협응력hand-eye coordination을 길러주는 데 활용된다. 이것은 글쓰기를 배우는 준비 과정이기도 하다. 처음에 아이들은 색칠하면서 종이 전체를 넘나들지만, 점차 손의 움직임에 익숙해진다. 그러면 교사는 이렇게 말한다. "이젠 여기 넓은 부분을 색칠해볼까? 되도록 선 밖으로 나가지 않게 해보자." 하지만 아이들에게는 이것이 꽤 어렵다. 아직 뇌가 손과 눈의 움직임을 조율하는 방법을 제대로 익히지 못했기 때문이다. 그러나 아이들은 결국 선 안에서 점점 더 작은 영역을 색칠해나가고, 그때부터 손과 눈의 협응력도 글쓰기를 배울 수 있을 만큼 향상된다.

글쓰기는 뇌에 큰 부담을 주는 복잡한 과제다. 단순히 협응력

1장 마음챙김이란 무엇인가?

만 필요한 것이 아니다. 기억력은 물론, 글을 쓸 방향까지 인식해야 한다. 우리 문화에서는 보통 왼쪽에서 오른쪽으로 쓴다. 게다가 나이 들수록 글자를 자연스럽게 연결해 쓰는 능력과 자신이 무엇을 쓰는지 이해하는 능력까지 요구된다. 난독증이나 실어증 같은 언어장애가 있는 아이를 키워봤다면 글쓰기가 뇌에 얼마나 큰 부담을 주는지 절실히 느꼈을 것이다. 이런 장애는 대개 어린 시절에 나타나지만, 성인이 되면 드러내길 꺼려서 실제보다 훨씬 드물게 눈에 띈다.

유치원생부터 초등학교 6학년 무렵까지 아이들이 색칠 활동을 할 때 보이는 변화는 언제 봐도 흥미롭다. 내가 어린아이들을 치료하기 시작했을 때 특히 인상 깊게 남은 장면이 있다. 교사가 "자, 이제 색칠 시간이에요"라고 말하는 순간, 교실 분위기가 확 달라졌다. 아이들은 순식간에 집중했고, 각자 색연필을 고르더니 선에 맞춰 색칠하는 데 몰입했다. 초등학교 교사에게 "어떻게 하면 교실 분위기를 빠르게 안정시킬 수 있나요?"라고 물어보면 다들 이렇게 대답할 것이다. "컬러링북을 꺼내세요!"

컬러테이션의 개발

나는 마음챙김을 실천하는 한 가지 방법으로, 창의성을 활용한 미술 치료에 주목했다. 스트레스에 시달리는 내담자들에게 이 과정이 분명히 도움이 될 것 같았다. 마음챙김은 기본적으로 정신 활동이지만, 많은 경우 이를 신체 활동과 연결하는 것이 중요하다. 우리가 시각에 크게 의존하는 존재이기 때문이다. 시각은 우리 삶에서 상당히 중요한 역할을 하며, 뇌의 시각 피질은 운동이나 언어 기능과도 밀접하게 연결되어 있다. 색의 역할도 무시할 수 없다. 색이 내분비계 활동에 미치는 진정 효과는 상당히 놀랍다.

어른들은 대부분 어렸을 때 색칠하던 기억을 즐겁게 떠올린다. 그래서 나는 이렇게 생각했다. '아이들에게 나타나는 그 효과를 어른들에게서도 똑같이 끌어낼 수 있다면 어떨까?' 내담자들이 과거에 행복과 안정감을 느꼈던 시간이나 장소와 관련된 활동을 한다면, 뇌는 그 경험을 인식하고 그 감정과 연결된 신경 경로를 자연스럽게 다시 열어줄 것이라고 보았다.

색칠하기는 예전부터 글쓰기 학습을 돕는 방법으로 여겨졌지만, 신경과학은 그 작용이 훨씬 더 복합적이라고 말한다. 실제로 색칠하기는 기억력, 협응력, 이해력 등 생각을 글로 옮기는 데 필요한 여러 인지 기능을 활성화하는 데 도움을 준다. 아울러 뇌가 그동안 놓치고 있던 이완 반응을 다시 일깨운다.

1장 마음챙김이란 무엇인가?

다음으로, 나는 내담자들에게 어떤 그림을 색칠하게 할지 고민했다. 예를 들어, 디즈니 캐릭터 도널드 덕처럼 누구나 아는 그림을 임원들에게 줄 수는 없었다. 그런 그림은 특정한 방식으로 색칠해야 한다는 압박을 줄 수 있기 때문이다. 그렇다고 금방 끝낼 수 없는 복잡한 그림도 곤란했다(그들은 성취욕이 워낙 강해서 시작하면 무조건 '끝을 봐야' 직성이 풀렸다!).

그래서 건축을 공부하던 예비 사위 잭에게 도움을 청했다. "이미지 작업 좀 도와줄 수 있을까?"라고 부탁하면서 내가 원하는 이미지의 조건을 알려주었다.

뇌가 가장 편안함을 느끼는 순간에는 다음과 같은 세 가지 공통 요소가 있다.

1. 패턴
2. 반복
3. 통제

뇌는 세상을 이해하기 위해 스스로 **패턴**을 만들어낸다. 이러한 패턴은 **반복**, 즉 습관적 활동을 통해 형성된다. 이때 중요한 것은 그 활동이 가령 선 안에 색칠하기 같은 일정한 **통제**나 경계

안에서 이루어져야 한다는 점이다. 뇌는 패턴, 반복, 통제라는 이 세 가지 조건을 충족할 때 비로소 이완된다. 아울러 그 활동이 **경쟁을 유발하지 않으면서 창의성을 발휘하게 해줄 때,** 뇌는 훨씬 더 깊은 이완 상태에 도달한다. 이러한 원리가 컬러테이션 기법의 핵심이다.

그래서 나는 잭에게 이렇게 말했다. "이미지 종류는 뭐든 괜찮아. 다만 반복해서 색칠했을 때 기하학적 패턴이 만들어지면 돼." 그러자 잭은 건축 설계 프로그램을 활용해 이미지를 몇 개 만들어주었다. 나는 그것들을 직접 실험해보면서 성인 내담자들과 함께 활용하기 시작했다.

색칠을 시작한 지 5분쯤 지나면 나는 그들에게 더 이상 "기분이 좀 나아지셨어요?"라고 물어볼 필요가 없었다. 그저 컴퓨터 화면에 나타난 결과를 보여주며 이렇게 말했다. "그동안 해왔던 호흡법은 30분이 지나도 긴장을 잘 풀지 못했죠. 게다가 수업이 끝나면 거의 실천하지도 않았고요. 그런데 색칠을 해보니까 어떤가요? 몸의 긴장이 풀리고 마음도 훨씬 편해졌잖아요. 그것도 단 5분 만에! 지금껏 온갖 손상을 일으키던 코르티솔도 순식간에 사라졌답니다."

그렇게 모든 것이 시작되었다. 그 후 나는 그림들을 학교에 가

1장 마음챙김이란 무엇인가?

져가 시범적으로 활용하기 시작했다. 아직은 실험 단계였기에 계속해서 테스트하고 또 테스트했다. 한 여학교에서 10학년의 한 학급을 대상으로 연구할 기회를 얻었다. 보통은 오전 쉬는 시간 직후 교실에 들어갔다. 아이들이 쉬는 시간을 막 마치고 돌아온 참이라 교실은 늘 어수선하고 시끌벅적했다. 열다섯 살 먹은 여학생 25명이 한자리에 모였을 때의 소란스러움은 직접 겪어보지 않으면 상상하기 힘들 정도였다.

담임교사가 이렇게 말했다. "얘들아, 로드스키 박사님이 오셨다. 오늘은 박사님과 함께 간단한 조사를 해볼 거야. 책상에 컬러링북과 색연필이 있지?" 아이들에게는 『컬러테이션』이 제공되었다. 교사는 잠시 뜸을 들인 후 이렇게 지시했다. "마음에 드는 그림을 골라서 내가 멈추라고 할 때까지 색칠하도록 해." 그러자 놀라운 일이 벌어졌다. 불과 몇 초 만에 교실이 쥐 죽은 듯 조용해졌다. 조금 전까지 무슨 일을 했고 무슨 생각을 했는지 까맣게 잊은 듯 교실 전체가 순식간에 고요해진 것이다.

나는 다른 학교에서도 같은 실험을 진행했다. 이번에는 훨씬 더 산만하고 과격한 8학년 남학생들이 대상이었다. 활동이 끝난 후 나는 컴퓨터 화면을 통해 색칠하기의 과학적 효과를 직접 보여주었다. 한 학생을 골라 그의 뇌에 어떤 변화가 일어났는지 설

마음챙김의 뇌과학

명하고, 색칠하기가 어떻게 그를 진정시켰는지 구체적으로 알려주었다. 컬러테이션이 얼마나 강력한 효과를 낼 수 있는지 보여주는 확실한 증거였다. 놀랍게도 나이가 많을수록 그 효과는 더 뚜렷하게 나타났다.

마침내 잭과 나는 『컬러테이션』 컬러링북을 시리즈로 출간했다. 이 시리즈는 전 세계적으로 큰 반향을 일으켰고, 심지어 2016년 〈오프라 윈프리의 크리스마스 위시 리스트〉에도 올랐다. 우리는 한발 앞서 있었지만, 이후 비슷한 책들이 쏟아져 나왔다. 그중에는 과학적 근거 없이 만들어진 책도 적지 않았다. 그럼에도 전 세계 수많은 사람이 성인용 컬러링북을 통해 뇌가 갈망하는 바를 채워가고 있다는 사실은 참으로 흥미롭고 고무적인 일이다.

컬러테이션의 활용

나는 지금도 해마다 학교 수백 곳을 찾아가 강연한다. 아이들에게 색칠하기를 단순한 창의 활동으로만 보지 말고, 자신을 차분하게 다스리는 방법으로 바라보라고 권한다.

요즘 아이들은 교실에서 명상 같은 활동을 훨씬 더 자주 한다. 상당수는 그저 매트나 책상에 앉아서 눈을 감고 5분 정도 가만

1장 마음챙김이란 무엇인가?

히 있기만 해도 어떤 의미를 느낀다. 하지만 어른과 마찬가지로 가만히 있는 것을 어려워하는 아이도 많다. 꽤 많은 아이가 명상을 제대로 따라가지 못한다. 색칠하기는 이런 아이들에게 멋진 대안이 된다. 그저 눈 감고 아무 생각도 하지 않으려고 애쓰는 대신, 색칠이라는 구체적인 활동에 집중할 수 있기 때문이다. 아이들에게 이렇게 말해줄 수 있다. "지금은 그냥 색칠에만 집중하면 돼. 다른 건 신경 쓰지 마."

수년간 나는 다양한 그룹의 아이들을 지속적으로 관찰했고, 그 과정에서 일관된 사실 한 가지를 발견했다. 색칠하기 같은 마음챙김 활동이나 명상에 참여한 아이일수록 학업 성적이 '유의미하게' 더 좋다는 점이다.

미국 뉴멕시코대학교에서는 현재 수학과 학생들에게 컬러링북을 제공하고, 시험 치기 전에 잠시 색칠을 하도록 권장한다. 교수들은 학생들에게 이렇게 말한다. "시험 치기 전에 색칠을 하면 점수가 5점 정도 올라갈 거야." 실제로 색칠을 한 학생들은 자율신경계가 훨씬 안정된 상태에서 시험지를 마주하고, 문제 푸는 속도도 확연히 빨라진다.

마음챙김의 뇌과학

자신만의 방식을 찾아라

이러한 효과에도 불구하고 전체 인구의 2퍼센트 정도는 색칠하기를 스트레스로 받아들인다. 어릴 때 색칠하기가 즐거운 경험이 아니라 '불쾌한' 기억으로 남겨진 경우다. 예를 들어, 왼손잡이였는데 억지로 오른손을 쓰도록 강요당했을 수도 있고, 자꾸 선을 벗어나 색칠하는 바람에 자신을 부정적으로 인식하게 되었을 수도 있다. 또는 "넌 제대로 하는 게 없어!" 같은 말을 내뱉는 형편없는 교사를 만났을 수도 있다. 정말 소수이지만, 색칠하기 자체를 극도로 싫어하는 사람도 존재한다.

실제로 '이완'을 편안하게 느끼지 못하는 사람들이 있다. 불안장애 환자들을 대상으로 진행한 한 연구에서는 명상을 시작하자 오히려 불안감이 더 심해졌다고 응답한 사람이 거의 절반에 달했다. 심부 근육 이완deep muscle relaxation을 시도했을 때, 그들 중 3분의 1 정도는 안절부절못하거나 식은땀을 흘리고, 심장이 두근거리며 호흡이 가빠지는 증상을 겪었다. 이러한 반응은 낯선 감각에 대한 단순한 반응일 수도 있고, 자신이 통제력을 잃었다는 불안감 때문일 수도 있다. 혹은 자기 자신을 관찰하는 과정 자체에 대한 거부감 때문일 수도 있다.

1장 마음챙김이란 무엇인가?

요컨대, 마음챙김은 누구에게나 똑같이 적용되는 만능 해법이 아니다. 따라서 마음챙김의 원리를 '자신에게 잘 맞는' 활동으로 자연스럽게 녹여내는 것이 중요하다. 마음챙김의 핵심 과정을 제대로 이해하면 규칙적으로 하거나 매일 반복하는 여러 활동에 적용할 수 있다.

마음챙김의 뇌과학

마음을 챙기려면 에너지를 관리하라

지금껏 논의한 활동들을 실천하는 것은 마음챙김을 통해 스트레스를 줄이고 건강을 개선하는 '첫걸음'에 불과하다. 물론 이런 활동만으로도 일상 속 스트레스의 영향을 완화하는 데 큰 효과가 있다. 하지만 스트레스를 '사전에 예방하려면' 마음챙김을 일상생활에 적용해야 한다. 그 출발점은 바로 자신의 에너지를 어떻게 관리해야 하는지 배우는 것이다.

우리 뇌에는 놀라울 정도로 특별한 능력이 있다. 바로 끊임없이 전기적 활동을 만들어내는 능력이다. 우리가 깨어 있을 때든 잠들어 있을 때든, 뇌는 계속해서 정보를 받아들이고 처리한다.

우리가 '의식적으로' 하려는 일을 가능하게 하는 동시에 '무의식적으로' 수행해야 하는 일도 쉼 없이 계속한다. 예를 들어, 심장을 계속 뛰게 하고 음식물을 소화하며 분비 작용을 조절하고 혈관을 움직이며 산소를 흡수하고 이산화탄소를 내보내는 과정을 끊임없이 이어간다. 의식 체계가 멈춰 있을 때조차 무의식 체계는 이 모든 일을 자동으로 계속 수행한다.

우리는 목 위에 1.4킬로그램 정도 되는 단단한 분홍 젤리를 얹고 하루 종일 중력에 눌린 채 살아간다. 눈을 뜬 순간부터 다시 의식을 잃고 잠들 때까지 우리 뇌는 에너지를 어떻게든 유지하려 애쓴다. 당연히 뇌도, 몸도 지칠 수밖에 없다!

혹시 직장에서도 당신만큼 바쁜데, 퇴근한 뒤에도 할 일이 많고 주말마다 이것저것 해내며 긴 휴가까지 거뜬히 다녀오는 사람을 본 적 있는가? 그를 보며 문득 이런 생각이 들지는 않았는가? '대체 어떻게 저 많은 일을 해내지?'

'들어가며'에서 썼듯이, 건강에 영향을 미치는 온갖 스트레스의 핵심은 바로 시간이다. 그렇지만 이 문제를 풀어낼 열쇠는 **시간 관리**가 아니라 **에너지 관리**에 있다.

어디선가 이렇게 불평하는 소리가 들리는 것 같다. "아, 뭐, 그 사람들은 에너지가 있으니까 그렇지. 난 없다고."

마음챙김의 뇌과학

아니, 아니, 전혀 그렇지 않다.

시간은 한정되어 있지만, 다행히 에너지는 얼마든지 재생할 수 있다. 당신도 남들처럼 아주 쉽게, 효과적으로 에너지를 끌어올릴 수 있다. 단지 마음챙김을 통해 그 방법을 배우기만 하면 된다.

속도를 늦출 시간이 없다면 어떻게든 시간을 '만들어야' 한다. 하루 한두 번, 단 5분 정도만 투자해도 몸속의 해로운 아밀로이드 단백질을 제거하고 몸과 마음의 균형을 회복할 수 있다. 가령 책상에 앉아 몇 분간 색칠하기에 집중하면 그 후 몇 시간 동안 더 생산적으로 일할 수 있게 된다. 아니면 정원에 나가 잠깐 화단을 손질해보는 것도 좋은 방법이다. 화단에서 보낸 몇 분이 지난 2주 동안 미뤄왔던 집안일 세 가지를 해치울 에너지를 다시 채워줄 것이다.

하지만 제대로 충전하려면 먼저 **에너지를 고갈시키는 행동**의 대가를 인식하고, 그 행동을 바꾸겠다는 책임감 있는 태도를 가져야 한다.

내 고객인 밥은 37세로, 대형 회계법인의 존경받는 파트너이자 네 자녀의 아버지다. 밥은 하루 열두 시간에서 열네 시간씩 일하느라 늘 지쳐 있었다. 저녁에 퇴근해도 가족과 온전히 시간

1장 마음챙김이란 무엇인가?

을 보내기 어려워 늘 죄책감과 허전함을 느꼈다. 잠을 잘 자지 못했고 운동할 시간도 없었다. 끼니를 제대로 챙기지 못하고 일하다 대충 허기를 때우고는 했다.

밥의 사례는 결코 특별하지 않다. 직장에서 요구하는 업무량이 늘어날수록 사람들은 흔히 더 많은 시간을 투입해 대응하려고 한다. 그러다 보면 신체·정신·감정적으로 큰 타격을 입는다. 그 결과, 몰입도는 떨어지고 산만함은 늘어만 가는 악순환에 빠진다. 고용주 측에게도 좋은 일이 아니다. 직원들의 이직률이 높아지고 의료비 지출도 급증하기 때문이다.

대다수 고용주는 직원들의 기술, 지식, 숙련도를 개발하는 데 투자한다. 하지만 그들의 '에너지', 즉 일할 수 있는 근본적인 힘을 키우고 유지하는 데는 별로 관심을 두지 않는다. 에너지는 대개 당연히 존재하는 자원으로 여기기 때문이다. 하지만 에너지의 총량이 커지면 짧은 시간에 더 많은 일을 높은 몰입도로 지속적으로 해낼 수 있다.

밥은 나와 함께 에너지 관리를 위한 루틴과 행동 방식을 새롭게 정립했고, 그 덕분에 이전과는 전혀 다른 삶을 살게 되었다. 가장 먼저 취침 시간을 앞당기고, 수면을 방해하던 술을 끊었다. 그 결과, 훨씬 더 개운하게 잠에서 깰 수 있었고 운동할 의욕도 생겼다. 지금은 거의 매일 아침 운동을 한다. 밥은 두 달도 안 되어 5킬로그램을 감량했다. 운동 후에는 가족과 함께 아침 식사를 한다. 업무 시간이 여전히 길지만, 중간중간 재충전 시간을 꾸준히 확보하고 있다. 점심시간에는 밖에서 제대로 식사하고, 오전과 오후에 잠깐씩 산책도 한다. 퇴근해서 집에 돌아오면 밥은 한결 여유로운 상태로 아내와 아이들에게 온전히 집중할 수 있다.

당신의 상황은 밥과 전혀 다를 수 있다. 당신은 학생일 수도 있고, 무보수로 일하고 있을 수도 있고, 일할 수 없거나 은퇴한 상태일 수도 있다. 하지만 상황이 달라도 마찬가지다. 우리의 시간을 많이 차지하는 어떤 활동에도 이 원칙을 똑같이 적용할 수 있다. 우리를 지치고 스트레스받게 하는 상황이 무엇이든, 해답은 에너지 관리에 있다.

에너지는 크게 네 가지 범주로 나뉜다.

1. 신체 에너지

2. 감정 에너지

3. 정신 에너지

4. 마음챙김 에너지

1장 마음챙김이란 무엇인가?

시간이 아니라 에너지를 제대로 관리하려면 이 모든 영역에 주의를 기울여야 한다. 3장에서 그 방법을 구체적으로 안내할 것이다. 하지만 그에 앞서 2장에서는 '왜' 마음챙김이 뇌에 긍정적인 영향을 미치는지 먼저 설명하고자 한다.

마음챙김의 뇌과학

((2장))

⋮

내 마음을 위한
최소한의 뇌과학

⋮

뇌과학, 꼭 알아야 할까?

'과학'이라는 단어를 보는 순간, 책을 덮고 얼른 도망치고 싶은 마음이 들 수 있다. 그렇다면 잠깐 숨을 깊이 들이마시고 긴장을 풀길 권한다. 이 책에 담긴 여러 방법으로 효과를 보기 위해 과학적 내용을 깊이 이해할 필요는 없다. 과학적 세부 사항이 두렵다면 2장과 5장 같은 '기술적' 부분은 과감히 건너뛰어도 좋다. 이러한 원리를 정확히 이해하지 못해도 책에 담긴 실천법을 적용하는 데는 아무 문제가 없다.

그렇다면 왜 과학적인 내용을 굳이 읽어야 할까? 마음챙김과 심신 연결이 건강과 웰빙 관리에 도움이 되는지 알아보고 싶다면, 우리 몸이 어떻게 작동하는지에 대한 기본적인 이해가 필요하다. 그래야 어떤 방법이 당신에게 효과가 있는지, 또는 없는지 판단할 수 있다. 물론 지식은 당신을 문 앞까지만 인도할 뿐, 실제 치유는 그 문 '너머', 감정과 느낌의 세계에서 이루어진다. 그래도 이런 지식을 알아두면 파티에서 대화를 주도하는 데 써먹을 수도 있다!

좀 더 진지하게 말해보겠다. 마음챙김이 어떻게 작동하는지에 대한 기본적인 이해도 없이 이 책을 읽는다면 결국 "이렇게 하세요. 저렇게 하세요. 이유는 묻지 마세요. 제가 전문가니까요!"라고 말하는 낯선 사람의 말을 그냥 믿고 따르는 셈이 된다. 그러니 기술적인 설명도 한 번쯤 읽어봐도 좋지 않을까? 다 이해하지 못해도 좋으니 괜히 스트레스받을 필요는 없다.

마음챙김과 심신 연결은 단순한 믿음의 문제가 아니라 명확한 과학적 근거가 있는 이론이다. 이 책의 목적은 그 사실을 일반 독자에게 간결하면서도 논리적으로 전달하는 데 있다. 다만 이 책에서 제시하는 요약은 의도적으로 상당히 일반화되어 있기에 신경과학자, 생화학자, 심리학자, 의사 등 전문가에게 부탁드린다. 잠시 숨을 깊게 들이마시고 이 책이 누구를 위한 것인지 고려해주시길 바란다. 내 목표는 마음챙김과 심신 연결에 관한 신

마음챙김의 뇌과학

경과학을 대중이 쉽게 이해할 수 있도록 풀어내는 것이다. 이를 위해 복잡한 개념은 최대한 단순화하고, 이론과 기술에 관한 세부 사항은 의도적으로 생략했다. 혹시 당신이 의학이나 과학 분야의 전문가라면 이러한 일반화를 너그럽게 양해해주시길 바란다. 행간을 읽고 필요한 세부 내용은 각자 알아서 보완하시라.

본격적으로 시작하기에 앞서, 뇌과학과 마음챙김과 심신 연결의 원리가 어떻게 등장하게 되었는지 간단히 살펴보면 도움이 될 것이다.

2장 내 마음을 위한 최소한의 뇌과학

뇌과학의 간략한 역사

기원전 5세기 중반, 고대 그리스에는 의학 중심지가 세 곳 있었다. 그중 가장 오래된 곳은 오늘날 이탈리아 남부 칼라브리아에 있는 그리스 식민지 크로톤(현재의 크로토네)이었다. 크로톤에서 가장 뛰어난 의사이자 연구자이자 강연자였던 알크마이온 Alcmaeon은 감각과 인지가 뇌에서 이루어진다는 사실을 처음으로 기록한 인물이다. 그는 임상의였기 때문에 뇌 손상 환자들을 연구하면서 완전히 임상적으로 접근했다.

그로부터 500여 년 뒤의 인물인 클라우디우스 갈레누스 Claudius Galenus는 오늘날 튀르키예의 베르가마로 알려진 페르가몬 출신으로, 고대 로마 시대 최고의 의학 연구자였다. 그는 새끼 돼지를 이용해 인류 최초로 뇌에 관한 실험을 기록으로 남겼고, 여러 실험을 통해 뇌가 뇌신경과 말초신경계(뇌와 척수 밖의 신경)를 통해 몸의 모든 근육을 통제한다는 사실을 밝혀냈다.

그때부터 지금까지, 척수액 속에 떠 있는 반숙 달걀 같은 이 기관을 향해 의학 연구자들은 끊임없이 도전장을 던져왔다. 해부학과 생리학을 거쳐 더 최근에는 신경화학 반응과 전자기장에 이르기까지 뇌는 아주 천천히, 하지만 꾸준히 그 비밀을 드러내고 있다.

초기의 심신의학

실제 과학적 증거가 나오기 훨씬 전부터 사람들은 감정, 믿음, 태도가 신체 건강에 영향을 미칠 수 있다고 생각했다. 2000년도 더 전에 아리스토텔레스가 멜랑콜리(우울감)와 암 사이에 연관성이 있다고 주장했지만, 심신의학psychosomatics(마음을 뜻하는 psyche와 몸을 뜻하는 soma에서 유래했다)이라는 분야가 본격적으로 등장한 시기는 20세기 초의 일이었다. 그러나 생각이나 감정이 질병을 유발하거나 치유할 수 있다는 사실을 과학적으로 '입증할' 방법이 없었기에, 이 분야는 의학계 전반에서 큰 비중을 차지하지 못했다.

이러한 회의론은 지금도 여전히 타당하다. 예를 들어, 암과 우울증 사이에 연관성이 입증되었다고 해서 그것이 곧 우울증이 암을 유발했다는 뜻은 아니다. 오히려 암에 걸린 사람이 그렇지 않은 사람보다 더 우울할 수 있다는 주장이 더 논리적이다. 암은 공포와 고통을 수반하고, 환자는 으레 항암 치료나 수술, 죽음에 대한 부정적인 생각을 품게 되기 때문이다. 또는 암세포 자체가 몸에서 어떤 화학물질을 방출해 우울증을 유발한다는 해석도 가능하다.

요컨대, 심신의학은 일반적 수준에서 특정 질병이 특정한 생각이나 감정과 '연관되어 있다'는 사실 외에는 아무것도 입증할 수 없다.

그나마 심신 연결에 대한 새로운 기술과 연구 덕분에 질병이 먼저인지, 아니면 생각이나 감정이 먼저인지 그 순서를 과학적으로 검증해볼 수 있게 되었다.

심신 연결의 등장

1970년대 후반부터 마음과 몸의 상호작용에 대한 새로운 접근 방식이 서서히 발전하여 오늘날 우리가 말하는 심신 연결Mind-Body Connection(이하 MBC)로 자리 잡았다. 이제는 이 개념이 기존의 '심신의학'이라는 분야를 대체했다.

'느슨한' 방식의 기존 심신 연구에 실망한 일부(주로 의학과 정신의학 분야) 연구자들은 심리 상태가 신체에 어떤 영향을 미치는지에 대한 생물학적 작동 원리를 탐구하기 시작했다. 그들은 질병 자체를 기준으로 삼는 대신, 신체의 '면역 체계'를 비롯해 질병이 언제, 어떻게, 어떤 조건에서 발생하는지 결정하는 다양한 세포와 신체 시스템을 살펴보기 시작했다. 아울러 신체 치유가 어떻게 일어나는지도 함께 연구했다.

초기에는 쉽지 않았다. 예를 들어, 혈액 1밀리리터에 포함된 특정 세포의 수를 측정하는 데 필요한 기술과 장비는 매우 느린 데다 비용도 많이 들었다.

1980년대 중반에 이르자 상황이 극적으로 바뀌었다. 암을 시작으로 인간면역결핍바이러스HIV 감염과 후천성면역결핍증AIDS에 관한 연구가 집중적으로 이루어진 덕분이었다. 이때부터 면

2장 내 마음을 위한 최소한의 뇌과학

역학 분야에 수백만 달러가 투자되기 시작했다. 전례 없는 자금 지원의 직접적 결과로, 신체에서 순간순간 일어나는 세세한 생리 변화를 빠르고 비교적 저렴하게 측정할 수 있는 장비들이 개발되었다. 그 대표적인 예가 유세포 분석기인데, 단 몇 분 만에 다양한 세포를 정확하게 계수할 수 있다.

오늘날에는 이러한 기술을 당연하게 여기기 쉽지만, 사실 대부분은 1980년대에 들어서야 비로소 등장했다.

이러한 기술과 자금의 폭발적 증가는 MBC 연구에 직접적인 영향을 미쳤다. 처음으로 장기간에 걸쳐 대규모 통제 실험을 수행할 수 있었고, 면역계 세포 수준에서 일어나는 세세한 정보를 입수할 수 있었다. 아울러 특정한 심리 상태가 면역 체계의 변화보다 앞에 나타났는지, 변화 중에 나타났는지, 그 이후에 나타났는지 규명할 수 있게 되었고, 그러한 심리적 요인들이 신체의 화학·세포적 변화로 어떻게 이어지는지도 정확히 밝혀낼 수 있게 되었다.

마침내 우리는 신체에서 일어나는 인과관계를 구체적으로 논의할 수 있게 되었다. 이제는 심신 연결이 실제로 존재하는지를 두고 막연히 추측만 할 필요가 없다. 오늘날 우리는 그러한 연결이 분명히 존재하고, 측정 가능하며, 생화학적으로도 논리적인

마음챙김의 뇌과학

경로를 따른다는 사실을 확실히 말할 수 있다.

하지만 이후에도 개선해야 할 부분이 많았다. 20세기 말까지도 우리는 여전히 뇌를 엑스레이x-ray로 촬영했다. 2000년 무렵이 되어서야 신경과학자들은 PET(양전자 방출 단층촬영) 스캔과 SPECT(단일광자 방출 전산화 단층촬영) 스캔을 비롯해 다양한 뇌 영상 기법을 활용한 연구 결과를 본격적으로 내기 시작했다. 특히 PET와 SPECT는 나와 내 동료들에게 중요한 전환점이 되었다. 이제야 뇌 속을 실제로 들여다보며 무슨 일이 벌어지는지 확인할 수 있게 된 것이다.

4장에서 살펴보겠지만, 불과 몇 년 전 MBC의 존재를 결정적으로 뒷받침하는 중대한 돌파구가 마련되었다. 이 발견은 명상 기법과 마음챙김이 널리 퍼지는 계기가 되기도 했다. 사람들은 스트레스 수준을 낮추는 일이 얼마나 큰 영향을 미칠 수 있는지 깨닫기 시작했다. 이제 그 영향이 실제 어떤 모습으로 나타나는지 좀 더 자세히 들여다보자.

2장 내 마음을 위한 최소한의 뇌과학

깊은 의식 안에서 벌어지는 일

명상을 할 때, 또는 마음챙김 상태에서 색칠을 하거나 뜨개질을 하거나 기도를 할 때, 우리는 더 깊은 의식 상태에 접근할 수 있다. 이제 초점을 바꿔 이러한 상태에 도달하는 방법을 익히면 뇌 기능을 어떻게 향상시킬 수 있는지 살펴보자. 우선 마음챙김 과정과 관련된 핵심 뇌 구조 세 가지부터 알아본 뒤, 다른 구조들도 차례로 짚어보겠다.

I. 전전두엽 피질

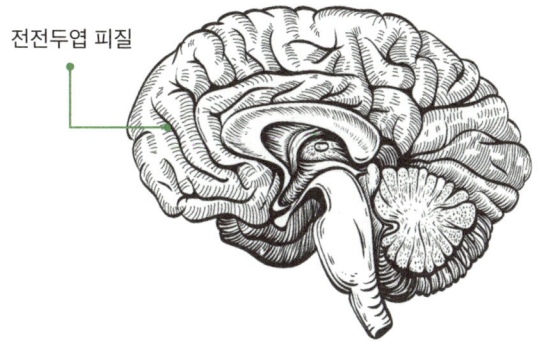

전전두엽 피질

전전두엽 피질prefrontal cortex, PFC은 내적 목표에 따라 생각과 행동을 조율하는 **뇌의 지휘자**라 할 수 있다. 복잡한 계획 수립, 성격 표현, 의사결정, 사회적 행동 조절 등에 관여한다. 이 부위가 제대로 작동하지 않으면 주의력결핍과잉행동장애ADHD, 우울증, 스트레스 같은 문제가 나타날 수 있다. 마음챙김을 실천하면 전전두엽 피질의 활동이 활발해지고, 주의를 흩트리는 자극과 감정에 더 잘 대처할 수 있다는 연구 결과가 있다.

2장 내 마음을 위한 최소한의 뇌과학

2. 편도체

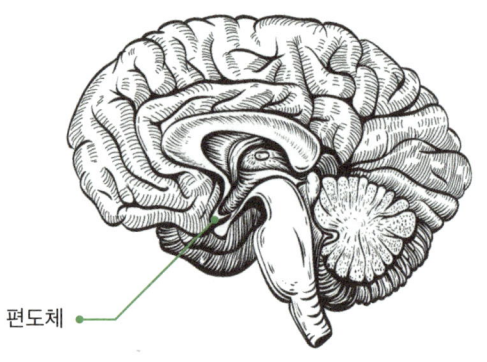

편도체

편도체amygdala는 두 개의 아몬드 모양 구조로 이루어져 있고, 해마와 함께 변연계를 구성하는 주요 부위다. 편도체는 본질적으로 우리 뇌의 **보안 요원**이라 할 수 있다. 감정 처리를 담당하는 핵심 구조로, 위협이나 스트레스 상황에서 작동하는 생존 반응의 중심 역할을 한다. 또, 두려움을 느껴야 할 때를 알려주고, 잠재적 위험에 대처하는 데 필요한 호르몬을 분비한다.

3. 뇌섬엽

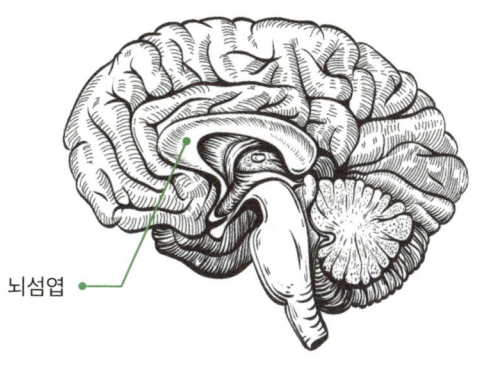

뇌섬엽

뇌섬엽insula은 뇌와 몸의 핵심 기능을 개선하는 역할을 하므로 흔히 **코치**라 불린다. 이 기능에는 내부수용감각(신체 상태에 대한 알아차림), 움직임, 자기 인식, 소리와 음악 발성, 감정 인식, 시간 감각 등이 포함된다. 마음챙김을 꾸준히 실천하면 뇌섬엽이 두꺼워지며, 그에 따라 신체 자각 능력이 향상되고, 부정적 감정을 더 효과적으로 다룰 수 있게 되며, 주의 집중 시간도 길어진다는 연구 결과가 있다.

2장 내 마음을 위한 최소한의 뇌과학

뇌세포는 어떻게 소통하는가

뇌에는 1,000억 개 정도의 뉴런, 즉 신경세포가 있다. 아마 우주에 있는 별보다 더 많을 것이다. 신경세포는 전기신호와 **신경전달물질**이라 불리는 화학물질을 이용해 서로 소통한다. 신경세포와 신경세포 사이에는 '연접틈새'라 불리는 공간이 있으며, 그 사이에서 전기화학적 '불꽃'이 튄다. 각 시냅스의 한쪽에는 정보를 보내는 연접전신경세포가 있고, 다른 쪽에는 그 정보를 받는 연접후신경세포가 있다. 신경세포가 연접틈새를 가로질러 '발화'할 때마다, 뇌는 끊임없는 피드백과 조정을 통해 신경전달물질의 분비를 촉진하거나 억제한다.

학습이 이루어지려면 뇌에서 세포 간의 정교한 소통이 반드시 필요하다. 신경전달물질을 통해 메시지가 신경세포에서 다른 신경세포로 전달되면 개별 신경세포 내부뿐 아니라 신경세포들 사이에서도 변화가 일어날 수 있다. 또 상호 연결된 신경세포 회로 자체에도 변화가 생긴다. 학습은 기억이나 경험을 재현하기 위해 회로를 특정 방식에 반응하도록 민감하게 만드는 과정이다. 시간이 지나면서 이 회로는 점점 조건화되어 더 약한 자극으로도 쉽게 활성화된다.

신경세포는 기능에 따라 전문화되어 뇌에서 그에 맞게 분류된다. 정서적 웰빙을 유지하는 데 중요한 역할을 하는 신경세포는 **거울 신경세포**와 **방추 신경세포**다.

거울 신경세포는 우리가 어떤 행동을 할 때뿐만 아니라 다른 사람이 같은 행동을 하는 모습을 볼 때도 활성화된다. 타인이 특정 감정에 휩싸인 모습을 보면 우리 뇌도 그에 공감하며 비슷한 방식으로 반응한다. 거울 신경세포는 타인의 정서·행동적 반응을 모방하거나 따라 함으로써 학습이 이루어지게 한다. 또, 주변 사람들의 가치관이나 감정 표현을 자연스럽게 받아들여 문화 전승에도 일부 기여한다.

수치심이나 당혹감, 혐오감, 죄책감 같은 특정한 사회적 감정은 뇌섬엽에 있는 거울 신경세포의 활동과 관련이 있다. 이러한 신경 모방 시스템은 특히 최면 상태에서 치료자와 내담자 사이에 형성되는 세심하고 밀도 높은 공감의 핵심 메커니즘으로 작용한다.

방추 신경세포(이를 발견한 오스트리아 과학자의 이름을 따 '폰에 코노모 신경세포'라고도 한다)는 뇌의 여러 영역 사이를 오가며 신호를 전달하는 매우 큰 신경세포다. 감정을 조율하는 일종의 관제탑처럼 작동하며, 도덕성을 포함한 사회적 감정의 중심 역할

2장 내 마음을 위한 최소한의 뇌과학

을 하는 것으로 보인다. 아울러 불안정한 상황이나 힘든 문제에 유연하게 적응하는 데도 중요한 역할을 하는 듯하다.

심리·신경학적 장애는 신경세포의 발달 문제이거나 신경세포 간 소통 이상에서 비롯된 문제일 수 있다. 방추 신경세포가 비정상적으로 발달하면 정신 질환 같은 장애로 이어질 수 있고, 거울 신경세포의 기능에 이상이 생기면 자폐증의 일부 사례로 나타날 수 있다. 신경전달물질을 생산하는 데 필요한 원료가 부족하거나 이를 생성하는 신체 기능에 문제가 생기면 기분과 사고방식, 대인 관계 능력에도 영향을 미칠 수 있다.

상태에 따라 달라지는 뇌파

신경세포 수백만 개가 동시에 활동하면서 뇌는 일정한 전기적 신호 패턴을 만들어낸다. 이 전기신호는 두피 표면에서도 감지되고, 주기적으로 파동처럼 나타나기 때문에 흔히 **뇌파**라고 부른다.

뇌가 원활하게 작동할 때는 각 과제에 맞는 뇌파 주파수를 적절히 활용한다. **고주파**는 집중력이 필요한 과제에 적합하고, **저**

주파는 창의적인 문제 해결이나 수면 같은 활동에 적합하다. 명상을 하거나 뜨개질, 색칠하기, 텃밭 가꾸기 같은 마음챙김 활동을 할 때, 우리는 뇌의 저주파를 자극하게 된다. 그 결과, 긴장이 풀리고 창의적인 사고가 자연스럽게 이루어진다.

델타파(1~4헤르츠, 헤르츠는 초당 진동수)는 꿈도 꾸지 않고 깊이 잠든 상태에서 나타난다. 이 깊은 수면 단계에서는 세포와 근육 조직의 성장을 담당하는 성장호르몬이 분비되어 치유와 재생이 활발하게 이루어진다. ADHD가 있는 사람들은 깨어 있는 동안에도 델타파가 높게 나타나는 경우가 많고, 뇌 손상이나 여러 형태의 치매를 앓는 이들에게서도 비슷한 양상이 관찰된다. 사람이 임종에 가까워지면 주로 델타파 상태에 머무는데, 이때는 감정과 사고가 거의 정지된 상태라고 할 수 있다.

세타파(4~7헤르츠)는 우리가 잠에서 막 깨거나 잠들기 직전에 잠시 나타난다. 가령 어디로 가는지도 모른 채 멍하니 걷다가 한참 만에 그 사실을 문득 깨달은 적이 있다면, 그 순간 당신의 뇌는 세타 상태에 있었을 가능성이 크다(이 상태는 뒤에서 더 자세히 살펴볼 것이다).

알파파(8~12헤르츠)는 깨어 있으면서도 비교적 편안한 정신 상태와 관련이 있다(이 역시 뒤에서 더 살펴볼 것이다).

2장 내 마음을 위한 최소한의 뇌과학

베타파(12~40헤르츠)는 집중할 때 활성화되는 뇌파다. 업무에 몰두하거나 대화를 나누거나 쇼핑에 열중하고 있다면, 그의 뇌는 베타파 상태에 있을 것이다. 베타파 활동이 활발한 사람들은 대체로 행동 중심적이고 추진력이 강한 편이다. 반대로, 베타파 활동이 부족하면 우울증, ADHD, 불면증 같은 정서장애로 이어질 수 있다. 아울러 불안, 스트레스, 피해망상, 과민 반응, 잡생각이 많을 때도 베타파가 강하게 나타난다.

내 연구에 따르면, 색칠하기 같은 마음챙김 활동의 반복적이고 규칙적인 패턴은 뇌가 더 이완된 상태의 알파파를 생성하도록 유도한다. 특히 이런 활동이 숙면을 돕기 위해 활용될 때 그 효과는 더 뚜렷하게 나타난다.

감마파는 대체로 25에서 100헤르츠 사이의 주파수를 띠지만, 대체로 40헤르츠 이상에서 나타난다. 이는 대단히 집중된 사고 상태를 가리킨다. 연구에 따르면, 감마파는 렘수면 중에도 지속적으로 관찰된다. 3만 5,000시간 이상 명상을 수행한 불교 승려들의 뇌에서는 자비 명상에 몰입할 때 이 감마파가 두드러지게 나타났다.

노르아드레날린(노르에피네프린) 같은 '스트레스 호르몬'과 도파민, 세로토닌 같은 '이완 호르몬'은 특정 뇌파 주파수와 밀접한 관계가 있다. 세로토닌 수치가 높아지면 세타파와 델타파 영역의 느린 주파수가 증가한다. 반면 노르아드레날린이나 도파민처럼 각성과 관련된 신경전달물질이 늘어나면 더 빠른 주파수의 뇌파가 활성화된다.

알파-세타 뇌파 상태

명상을 하거나 마음챙김 상태로 색칠, 뜨개질 혹은 세차를 할 때 우리 뇌는 아직 완전히 밝혀지지 않은 깊은 활동 상태로 들어간다. 이 상태는 최면과 유사하며, 간혹 **경계 공간** 또는 뇌과학 용어로 **알파-세타 상태**라고 부른다. 이는 새벽과 여명 사이의 흐릿한 경계처럼 한 상태에서 다른 상태로 넘어가는 전이轉移의 순간을 의미한다.

알파-세타 상태는 깨어 있는 상태와 잠든 상태 사이, 완전한 의식과 무의식 사이에 놓인 전이 상태다. 이 상태에서는 전의식, 잠재의식, 무의식의 상층부가 함께 작용하며, 직관이나 참신한 아이디어, 통찰, 영감 같은 것들이 불쑥 떠오르고는 한다. 외부 자극에 대한 인식이 사라지고, 깊은 내면의 성찰 속으로 잠기는

2장 내 마음을 위한 최소한의 뇌과학

상태라 할 수 있다.

이러한 상태에 도달하면 스트레스가 줄어들고 긍정적인 감정이 늘어나는 것으로 밝혀졌다. 현대인은 끊임없이 스트레스를 받으며 살아가기 때문에, 깨어 있는 동안 생성되는 알파파와 세타파의 양이 줄어들기 쉽다. 이 뇌파들을 더 많이 생성할 수 있다면 더 행복해지고 의욕이 넘치며 창의성도 높아질 것이다. 삶의 여러 사건이나 가족 관계에도 더 건전한 방식으로 반응할 수 있다. 두려움은 서서히 사라지고, 깊은 명상 상태에 이르면 자기비판과 수치심, 부정적인 감정도 자연스럽게 줄어든다.

알파-세타 상태의 상위 단계에서는 **알파파**가, 하위 단계에서는 **세타파**가 주로 나타난다. 이제 두 상태를 좀 더 자세히 들여다보자.

알파 상태

알파파는 색칠하기처럼 반복적이고 패턴화되고 통제된 활동을 통해 자극된다.

이 상태에 들어가면 더 느리고 깊게 숨을 쉬며 감정적으로도

마음챙김의 뇌과학

한결 유연해진다. 아울러 더 명확하고 직관적으로 생각할 수 있고, 자신이 하는 일에 좀 더 깊이 집중할 수도 있다. 알파파 활동이 증가하면 낙관적인 태도와 의욕이 생기고 전반적인 행복감과 웰빙 수준도 올라간다. 이러한 긍정적인 변화는 삶의 질을 높여주고, 수명을 늘리는 데도 도움이 된다. 실제로 명상이나 마음챙김을 통해 알파파가 증가하면 뇌의 혈관이 확장되고 혈액순환이 원활해지며 혈압이 낮아지고 혈관이 깨끗해진다는 연구 결과가 있다.

마음을 의도적으로 차분하고 집중된 상태로 유지할 수 있는 운동선수는 대개 자신의 최고 기량을 발휘하거나 그에 가까운 성과를 낸다. 원하는 순간 '몰입 상태'(즉, 알파파 상태)에 들어갈 수 있다면 건강하게 나이 드는 데도 큰 도움이 된다. 젊은 사람들은 비교적 쉽게 알파파를 생성하지만, 나이 들수록 그 양은 점차 줄어드는 경향이 있다. 하지만 마음챙김 훈련을 통해 노년층도 알파파 생성을 늘릴 수 있다. 이 과정은 긴장을 풀고 뇌에 생기를 불어넣는 데 효과적이다. 한 연구에서는 알파 상태에 도달하도록 훈련받은 70대 참가자들이 에너지와 의욕을 되찾았고, 뇌파 패턴 또한 35세와 유사한 양상을 보였다.

배고픔을 느끼면 뇌는 더 집중된 상태인 베타파를 활성화한

2장 내 마음을 위한 최소한의 뇌과학

다. 그래서 알파파를 활용한 식욕 조절은 체중 관리의 중요한 열쇠가 될 수 있다. 다만 알파 상태가 지나치게 높은 사람들은 집중하려 할 때 불안감을 느끼는 부작용이 나타나기도 한다.

세타 상태

세타파는 깊은 이완 상태를 유도한다. 세타 상태에 있는 사람들은 간혹 무의식에서 떠오르는 이미지를 경험하는데, 대표적으로 잠들 무렵에는 입면기 환상, 깨어날 무렵에는 각성기 환상을 겪는다. 실제로 꿈에서 문제 해결의 실마리를 찾거나, 무의식의 이미지가 꿈처럼 펼쳐지는 '깨어 있는 꿈' 상태를 경험하는 일도 적지 않다. 잠에서 깨어나는 순간에는 번뜩이는 통찰이나 참신한 아이디어가 불쑥 떠오르기도 한다. 세타파는 깊은 명상 상태나 최면 상태에서도 자주 나타난다.

세타 상태를 통해 우리는 더 높은 자아, 또는 '참된 자아'에 도달할 수 있다. 마치 어린 시절로 돌아간 듯한, 더 유연하고 섬세한 상태로의 회귀는 극적인 변화를 위한 문을 열어줄 수 있다. 더 깊은 자각 수준과 내적 자원을 활용하면 '심리적 면역 체계'

를 키워 켜켜이 쌓인 마음속 짐을 내려놓을 수 있다. 세타파가 우세한 사람들은 직관력이 매우 뛰어날 가능성이 크다.

세타 상태의 특징은 다음과 같다.

- 시간이 느려지거나 사라진 듯한 느낌
- 정신 활동이 느려지고 머릿속 잡념이 사라짐
- 질병에서 회복될 것 같은 느낌
- 신체 자각과 통증 감각이 사라짐
- 삶의 가능성에 대한 기존의 한계를 초월하는 느낌
- 다른 의식 상태에서는 떠오르지 않았을 독특한 해결책을 발견한 느낌
- 두려움의 소멸
- 순간적인 통찰에 따라 이루어지는 의사결정과 문제 해결
- 극복할 수 없을 것 같던 문제들이 흥미로운 모험처럼 느껴짐
- 참신한 아이디어나 정보의 자극(예술가, 음악가, 작가 등 창조적인 사람들은 세타 상태를 통해 창의성을 끌어냄)
- 해결되지 않은 감정적 문제의 치유
- 스트레스에 대한 자각과 이를 줄일 수 있는 능력으로 약물 사용량 감소

2장 내 마음을 위한 최소한의 뇌과학

- 삶의 장애물을 더 잘 견디는 능력
- 더 깊은 연민, 자각, 거리 두기, 내적 안정감

깊은 의식 상태에 관한 연구

명상에 관한 과학적 연구는 더 일찍 시작되었으나 1970년대와 1980년대를 지나며 본격적으로 확산되었다. 여러 연구자가 명상을 꾸준히 실천하는 선禪 수행자들의 뇌파EEG를 분석했다. 수행자들은 명상에 들어설 때 네 가지 단계를 순차적으로 거쳤다. 첫 번째 단계에서는 알파파가 나타나기 시작했고, 두 번째 단계에서는 알파파의 진폭(강도)이 증가했다. 세 번째 단계에서는 알파파가 감소했으며, 네 번째 단계에서는 세타파가 길게 지속되는 현상이 관찰되었다. 명상 시간이 길어질수록 세타파가 더 활발하게 생성되었지만, 수행자들의 의식은 여전히 또렷하게 깨어 있었다. 깊은 의식 상태를 연구한 초기 연구자들은 누구나 훈련을 통해 마음을 다스리고, 뇌 상태를 의도적으로 바꿀 수 있을지도 모른다는 결론에 이르렀다.

다이내믹 명상은 1970년대에 등장한 마음 훈련법으로, 오늘날에도 여전히 인기가 있다. 이 명상은 의식의 더 깊은 층으로 내려가 건강 문제부터 경제적 성공에 이르기까지 다양한 삶의 정보와 통찰을 끌어내는 데 중점을 둔다. 이는 우리가 태어날 때와 죽을 때 모두 델타파 상태에 머무른다는 전제에 기반한다. 알파 상태에서 목표를 마음속으로 반복해 그려보는 '정신적 리허설'을 통해 실제로 그 목표를 실현하고 뇌를 성공에 맞게 다시 프로그래밍할 수 있다고 믿는다.

깊은 의식 상태의 여러 단계

신경과학에서는 수행자들이 겪는 네 가지 명상 단계를 뚜렷이 나뉘는 여섯 가지 단계로 확장해 설명한다. 이 여섯 단계는 평상시 의식 상태인 베타에서 시작해 더 깊은 알파-세타 상태로 진입한 뒤, 다시 돌아오는 흐름으로 구성된다.

첫 번째는 **안정화** 단계라 불린다. 이 단계에서는 초기 이완 상태, 즉 알파 상태에 들어선다. 그런데 이완을 처음 경험하는 사람은 그 느낌이 너무 낯설어 오히려 두려움을 느끼기도 한다. 때로는 '떨어지는 듯한' 느낌을 호소하는 이들도 있다.

2장 내 마음을 위한 최소한의 뇌과학

두 번째는 **심화** 단계라고 한다. 이 단계에서는 근육의 긴장이 서서히 풀리고, 호흡이 한결 깊고 편해진다. 많은 사람이 이때 길게 한숨을 내쉬는데, 이는 세타 상태로 향하는 여정이 시작되었다는 뜻이다.

세 번째는 의식과 무의식이 **분리**되기 시작하는 단계다. 무의식이 잠잠해지면서 사람은 간혹 무아의 경지에서 독특한 체험을 하게 된다. 예를 들어, 신체 감각이 사라지거나 통증을 못 느끼는 무통 상태가 나타날 수 있다. 몸이 무겁거나 따뜻하게 느껴지기도 하고, 때로는 몸을 움직일 수 없거나 아예 굳어버린 듯한 느낌이 들기도 한다. 시간이 느려지거나 멈춘 듯한 느낌이 나타날 수도 있다. 이 시점에 이르면 수행자는 대개 완전히 고요한 상태에 들어선다. 근육이 깊이 이완되고 몸이 완전히 편안해지면, 꿈꿀 때 나타나는 렘수면 상태가 시작되기도 한다.

의식 상태가 깊어져 수면에 가까워질수록 **세타 전이 단계**에 이르게 된다. 이때 뇌파는 알파파보다 세타파가 우세해진다. 몸의 움직임이 거의 없이 고요해지므로 겉으로도 쉽게 알아볼 수 있다. 이 시점에서는 시간, 문화, 언어의 경계를 초월한 이미지들이 떠오른다. 때로는 사랑하는 사람의 목소리가 들리거나 그 존재가 느껴지기도 한다. 이런 몽상 상태에서는 떠오르는 이미지

마음챙김의 뇌과학

를 가볍게 알아차릴 뿐, 붙잡으려 들지 않는다. 수용적인 상태일 때는 이미지들이 자연스럽게 흘러가지만, 억지로 붙잡으려 하면 오히려 사라져버린다. 나중에 이 이미지들을 떠올리며 그 안에 담긴 메시지가 무엇인지 자문해볼 수 있다. 마치 무의식에 질문을 던지듯, 그 의미를 조용히 되짚어보는 것이다.

다음으로, 가장 깊은 단계인 **깊은 세타** 상태에서는 마음이 매우 고요하고 텅 빈 듯한 느낌이 든다. 이 상태에 들어가려면 심리적으로 매우 안전하다고 느껴야 한다. 바로 이 상태에서 치유와 재생을 향한 움직임이 시작된다. 이때 개인은 자신을 묶고 있던 고정관념을 넘어서 이전에는 불가능하다고 여겼던 일을 실현할 참신한 해법을 떠올릴 수 있다.

여섯 번째이자 마지막 단계는 현실로 천천히 돌아오는 **재적응** 과정이다. 이 단계에서는 몸의 감각을 점차 되찾고 더 활동적인 상태로 전환된다. 재적응 과정은 두통이나 불편감을 피하기 위해 천천히 이루어져야 한다(세타 상태에서는 간혹 두려운 이미지나 불편한 감정을 마주할 수 있다. 특히 뇌파가 3헤르츠 이하인 상태에서 적절한 준비 없이, 또는 빠져나올 능력 없이 너무 오래 머물면 이런 현상이 나타날 수 있다).

2장 내 마음을 위한 최소한의 뇌과학

깊은 의식 상태를 통한 삶의 변화

잠시 일상에서 벗어나 마음챙김이나 명상을 통해 시간과 소음에서 자유로운 고요 속에 머무는 것만으로도 우리는 회복할 수 있다. 그렇게 내면을 깊이 들여다보는 과정에서 삶의 의미와 존재의 목적이 서서히 떠오른다.

자신의 행동, 감정, 생각을 스스로 살피고 조절하는 사람일수록 대체로 더 행복하게 살아간다. 특히 자신을 잘 다스릴 줄 아는 사람은 어떤 감정이나 반응이 일어날 때, 그것에 곧바로 휘둘리지 않고 조용히 알아차릴 수 있다. 반면에 과거의 상처로 마음에 무거운 갑옷을 걸친 사람들에게는 이 과정이 쉽지 않다. 그들은 오랫동안 과도하게 비판과 통제를 받았고, 자기에게 맞지 않는 방식으로 행동하도록 강요받아왔다. 이런 사람들도 깊은 의식 상태에서 시간을 보내다 보면 그 갑옷을 서서히 풀어내고 굳어진 반응 패턴을 깨뜨려 더 나은 삶의 가능성을 받아들일 수 있게 된다.

몸의 감각과 너무 동떨어져 있는 사람은 미묘한 신체 변화를 알아차리기 어렵다. 이럴 때 깊은 의식 상태가 도움이 될 수 있다. 나는 가끔 사람들에게 우울할 때와 피로할 때, 또는 불안할

마음챙김의 뇌과학

때와 저혈당으로 배고플 때의 감각 차이를 알아차려보길 권한다. 기분이 나쁠 때는 '나쁨'이라는 감정이 한 덩어리로 뒤엉켜서 무엇이든 다 안 좋게 느껴진다. 우울할 때는 세상이 온통 회색빛으로 보인다. 그래서 언뜻 비치는 작은 희망이나 즐거움을 잘 느끼지 못한다. 하지만 깊은 의식 상태를 경험하면 흐릿한 시야를 걷어내고 세상을 더 긍정적으로 바라볼 수 있게 된다.

깊은 의식 상태에 들어가면 과거 사건에 대한 이해도 달라진다. 한때 자신에게 상처를 주었다고 여긴 사람을 용서하고, 과거의 딜레마를 풀 실마리를 '보거나 들을' 수 있게 된다. 또는 잠재의식에 개인적인 질문을 던졌을 때, 완전히 새로운 시각을 열어주는 답을 얻을 수도 있다. 과거의 상처가 치유되면 마음의 혼란에서 벗어나 현재와 미래에 온전히 집중할 수 있다.

마음챙김과 색칠하기 같은 기법을 통해 깊은 의식 상태에 들어가는 것은 **과거의 상처를 다루는 데 특히 효과적이다.** 고통스러운 과거의 일을 이야기할 때는 흔히 불안에 휩싸이고, 사고가 흐려져 상황이 더 나빠지기도 한다. 그러나 깊은 의식 상태에서 보내는 시간은 뇌를 효과적으로 '식혀주어' 그 일을 성숙하고 공감 어린 시각으로 바라볼 수 있게 한다. 이렇게 평온한 상태는 의식이 깨어난 뒤에도 어느 정도 유지되며, 기억 속에 남아 있던

2장 내 마음을 위한 최소한의 뇌과학

부정적 감정을 부드럽게 흘려보내는 데 도움이 된다.

　최근에는 무중력 플로팅 탱크라고 불리는 감각 차단 수조에 몸을 띄우는 기법이 알파파와 세타파를 더 깊이 유도하는 데 효과적인 것으로 밝혀졌다. 이 수조에서 몇 차례 세션을 진행한 뒤, 다양한 증상이 크게 완화되었다. 과체중인 사람은 체중이 줄었고, 류마티스관절염 환자는 통증이 현저히 감소했다. 우울감과 불안이 서서히 가라앉았으며, 면역반응도 강화되었고, 전반적인 삶의 만족도 또한 높아진 것으로 나타났다.

　깊은 의식 상태의 효과에 관한 연구는 계속되고 있다. 앞으로 어떤 흥미로운 발견이 더 나올지는 아무도 모른다.

마음챙김의 뇌과학

의식과 기억의 상관관계

의식 - 잠재의식 - 무의식

개개인의 마음에 담긴 것을 들여다보는 일은 쉽지 않다. 우리는 그중 아주 일부분만 인식할 뿐이다.

예를 들어, 열쇠를 어디에 두었는지 잊어버렸을 때를 생각해보자. 당장은 기억이 떠오르지 않는다. 하지만 한참 머리를 싸매다 보면 문득 어디에 두었는지 기억이 나기도 한다. 이처럼 우리가 살아오면서 배우고 경험한 것들 가운데 상당수는 '잊어버렸다'고 생각하지만, 사실은 무의식 속에 머물러 있는 경우가 많다. 기억나지 않는다고 해서 그것이 마음속 어딘가에 저장되어 있지 않다는 뜻은 아니다.

지크문트 프로이트Sigmund Freud는 인간의 마음을 의식, 잠재의식, 무의식의 세 수준으로 처음 구분하고 명명한 인물이다. 오늘날 심리학은 대부분 그의 이론에 직간접적으로 기반을 둔다. 여전히 의식과 마음에 관한 많은 측면은 미스터리로 남아 있지만 말이다.

의식에는 다음과 같은 것들이 담겨 있다.

- 현재 인식하고 있고, 쉽게 떠올릴 수 있는 온갖 생각과 기억
- 논리적 사고와 이성

잠재의식에는 다음과 같은 것들이 있다.

- 바로 기억나지는 않지만 약간의 노력과 집중으로 떠올릴 수 있는 정보

무의식은 이러한 것들로 이루어져 있다.

마음챙김의 뇌과학

- 떠올릴 수 없는 과거의 기억
- 자신도 인식하지 못하는 태도와 신념

의식은 현재의 정보와 지금 인지되고 있는 감정, 기분, 태도를 담고 있다. 복잡한 정보가 아니라면 한 번에 네 가지 정도를 유지할 수 있지만, 정보가 복잡하면 한 번에 하나만 처리할 수 있다. 의식은 저장된 정보를 거의 즉각적으로 불러올 수도 있다. 아울러 과거 경험을 끊임없이 활용해 현재의 감정 상태와 행동을 조절하고 미래의 선택을 평가한다.

'잠재의식'과 '무의식'이라는 용어는 간혹 같은 의미로 혼용되지만, 사실 이 둘은 구분되어야 한다. 엄밀히 말하면, 우리가 의식하지 못하는 온갖 기억과 신념 그리고 마음 깊숙이 저장된 정보들을 지칭하는 정확한 용어는 무의식이다.

잠재의식이라는 용어는 의식 바로 아래에 '일시적으로' 자리 잡고 있어 비교적 쉽게 떠올릴 수 있는 생각이나 감정을 더 정확하게 설명하는 말이다. 열쇠를 어디에 두었는지 잠깐 잊었다가 몇 분 뒤 기억해내는 경우는 잠재의식 수준의 인식을 보여주는 사례다. 이는 쉽게 회상되는 일시적 망각의 한 형태다. 잠재의식은 무의식의 가장 얕은 위층이자, 의식과 무의식 사이에 놓인 중

2장 내 마음을 위한 최소한의 뇌과학

간 영역으로 볼 수 있다.

의식과 무의식의 차이를 잘 보여주는 예로는 자동차 운전을 배울 때처럼 습관이나 기술이 몸에 배는 과정을 들 수 있다. 운전해서 목적지까지 도착했지만, 중간에 어떤 경로로 왔는지 전혀 기억나지 않는 경험이 몇 번쯤 있을 것이다. 아마 운전 중에 딴생각을 하거나 그냥 멍하니 있었을 텐데, 그때 당신의 마음속에는 무엇을 어떻게 해야 할지 정확히 알고 있는 부분이 있었다. 언제 기어를 바꾸고, 브레이크를 밟아 멈추고, 출발하고, 속도를 높이고 줄이는지 등 수많은 동작을 수행하면서도 정작 당신은 그것들을 의식적으로 기억하고 있지 않았다.

이와 마찬가지로 살면서 겪었던 크고 작은 사건들에 대한 기억은 무의식의 영역으로 미끄러져 들어가 우리가 자각하지 못하는 순간에도 항상 우리에게 영향을 미친다.

마음을 다스릴 때 가장 어려운 점은 과거의 결정과 사건이 현재의 감정·생각·태도·신념·가치관·행동에까지 영향을 미친다는 데 있다. 물론 우리가 그 영향을 반드시 자각하고 있지는 않다. 운전 중에 딴생각을 하더라도 몸이 '알아서' 운전을 해내는 것과 같은 이치다(이에 관해서는 뒤에 나오는 '기억과 뇌의 변화' 파트에서 더 자세히 살펴볼 것이다).

마음챙김의 뇌과학

'내가 나에 대해 어떤 생각을 품고 있기에 이런 식으로 행동하는 걸까?'

이런 질문을 던지기 시작하면 무의식 속에 숨어 있던 믿음이 의식의 표면으로 떠오르기 시작한다. 처음에는 막연한 느낌으로 다가오거나 꿈속에서 어떤 암시처럼 스쳐 갈 수도 있다. 그러다 어느 순간 '입가에 맴도는 말'처럼 떠오르는데, 이때는 그 믿음이 잠재의식 수준까지 올라온 것이다. 시간이 지나면 결국 그 내용을 또렷하게 인식하게 된다.

그렇기에 인생의 문제를 풀어가는 데는 시간이 걸린다. 먼저, 어떤 행동 뒤에는 마음속 깊은 곳에서 작용하는 무언가가 있을 수 있다고 가정해야 한다. 그것이 정확히 무엇인지 처음부터 알 수는 없다. 무의식 속에 숨어 있기 때문이다. 하지만 꾸준히 집중하고 들여다보면 그 생각이나 믿음이 잠재의식으로 먼저 떠오르고, 마침내 의식의 표면에 드러나게 된다.

무의식 속에 자리한 믿음이 분명하게 드러나는 순간도 있다. 예를 들어, 담배를 끊고 싶거나 다이어트나 운동을 시작하고 싶지만 아무리 애써도 번번이 실패할 때가 있다. 이럴 때 우리는 무의식적 믿음이 행동을 방해한다고 느끼지만, 정작 그 믿음이 무엇이고 어떻게 다루어야 할지는 알지 못한다.

2장 내 마음을 위한 최소한의 뇌과학

이런 무의식적 믿음은 대개 겉으로 잘 드러나지 않는다. 오히려 무언가를 하지 못하는 것이 당연한 일인 양, '그럴듯한 이유'로 포장하고는 한다. 예를 들어, '너무 바빠서' 건강을 챙길 시간이 없다고 말하거나, 병원이나 상담 예약을 '깜빡했다'라고 넘길 때가 그렇다. 이처럼 자신의 행동에 무의식적 믿음이 얼마나 큰 영향을 미치는지조차 제대로 인식하지 못한 채 살아가는 사람이 많다.

당신은 이렇게 말할 것이다. "내 안에 '무의식'이라는 게 정말 존재하긴 하나요? 차라리 무의식 따위는 없어도 되지 않나요? 내 행동과 감정은 그냥 '자연스러운' 것일 수도 있잖아요!"

아주 좋은 질문이다! 열쇠나 사람 이름, 어떤 물건을 깜빡 잊었다가 잠시 후 문득 떠올린 경험이 있을 것이다. 이런 사례는 우리가 무언가를 '잊는다'라고 해서 그 기억 자체가 완전히 사라지지는 않는다는 사실을 보여준다. 기억은 마치 서류를 파일에 보관하듯, 어딘가에 잠시 저장되었다가 필요할 때 다시 '찾아지는' 것처럼 보인다.

또 특정 냄새나 이미지, 소리가 불쑥 과거의 기억, 심지어 어린 시절의 기억까지 떠올리게 한다는 사실을 알아차린 적이 있을 것이다. 그렇다면 그러한 기억은 떠오르기 전까지 대체 어디

마음챙김의 뇌과학

에 있었던 것일까? 내가 제시할 수 있는 가장 논리적인 대답은 그 기억들이 무의식 속 어딘가에 저장되어 있었다는 것이다.

당신은 또 이렇게 반문할 수도 있다. "좋아요, 그러한 기억이 어딘가에 저장되어 있다고 칩시다. 그런데 정말 모든 기억이 저장되는 건가요? 어떤 기억은 영영 잊히지 않나요?"

꼭 그렇지만은 않은 듯하다. 혼수상태에 있을 때 나눈 대화조차 무의식 속에 저장되고, 최면 같은 기법으로 그 기억을 다시 떠올릴 수 있다는 흥미로운 연구 결과도 있다. 무의식은 사람이 태어난 순간부터 지금까지 겪어온 모든 경험의 기억을 담고 있다. 또, 우리가 의식하지 못하는 수많은 정보를 끊임없이 받아들이고 처리한다. 무의식은 '내부 탐색' 기능을 통해 현재 주어진 상황에서 최선의 해결책을 찾아내고, 미래에도 더 나은 답을 찾기 위해 계속해서 작동한다. 이러한 무의식의 작용을 흔히 **적응적 무의식**이라고 부른다.

적응적 무의식은 사람들의 감정, 성격, 의도를 빠르고 정확하게 파악하고, 직관에 따라 신속한 결정을 내릴 수 있게 한다. 때로는 어떤 일이 곧 벌어질 것 같은 강한 예감이나, 불현듯 떠오르는 통찰로 다가오기도 한다(예를 들어, 용의자가 다가오는 순간 아직 무기를 보지도 않았는데 경찰이 동료들에게 "엄폐하라!"라고 외치

2장 내 마음을 위한 최소한의 뇌과학

는 상황을 떠올려보라).

이러한 무의식적 과정은 문제를 해결하거나 복잡한 과제를 수행할 때 의식이 활용할 수 있는 방대한 자원이다.

무의식 활동은 대부분 익숙한 패턴을 인식하는 능력에 기반을 두는데, 이는 우리가 마음챙김을 실천할 때 사용하는 방식과도 닮았다. 내가 진행한 연구에 따르면, 사람들에게 복잡한 결정을 앞두고 곧바로 생각에 몰두하라고 하면 오히려 잘못된 선택을 하는 경우가 많았다. 그런데 그 전에 색칠하기 같은 단순한 활동을 잠시 한 뒤에 결정을 내리라고 하면, 더 나은 결정을 내릴 뿐 아니라 결과에 대한 만족도도 훨씬 높았다. 앞서 살펴보았듯, 마음챙김을 통해 마음이 이완되면 무의식은 생각과 문제, 관점을 재구성할 여유가 생기고, 그 덕분에 더 나은 결정을 내릴 수 있게 된다.

우리는 흔히 어떤 생각이 들고 나서 행동이 따르기 때문에 그 생각이 행동을 '유발했다'고 여긴다. 하지만 어쩌면 그 생각과 행동 모두 그보다 앞선 무의식적 과정에서 비롯된 것일지도 모른다. 만약 우리가 생각하고 행동하는 많은 부분이 무의식의 수준에서 일어난다면, 우리는 생각하기도 전에 이미 그것을 실행하고 있는 셈이다. 실제로 두 사람이 서로 바라보면서 생각하고 대화할 때, MRI(자기공명영상)로 그들의 뇌를 관찰하면 상대의 말이나 자극이 오기 전부터 전두엽이 활성화되는 현상을 확인할 수 있다. 즉, 의식적인 사고가 일어나기도 '전에' 뇌는 이미 반응을 준비하고 있다는 뜻이다. 이쯤 되면 자연스럽게 의문이 떠오른다. '우리는 과연 우리가 하는 행동을 스스로 통제하고 있는 걸까?' 과학은 이렇게 말한다. 어쩌면 그렇지 않을 수도 있다.

기억과 뇌의 변화

암묵적 기억이란 과거 경험에서 비롯되었으나 자신이 그것을 기억하고 있다는 사실조차 모르는 기억이다. 이러한 기억은 무의식 속에 숨어 있지만 현재 우리의 행동에 적지 않은 영향을 미친다. 의식적으로 떠올리지 않아도 저절로 수행할 수 있는 기술이나 행동과 관련된 기억이라 매우 유용하다.

예를 들어, 처음 자전거 타는 법을 배웠을 때 당신은 발을 올바른 위치에 올려놓고 균형을 잡으면서 동시에 페달을 밟고 핸들까지 조절해야 했다. 모든 동작을 동시에 신경 써야 해서 꽤 복잡하게 느껴졌으리라. 아마 몇 번이나 넘어지고 무릎도 까졌을 것이다. 그렇게 여러 번 시도한 끝에야 다양한 동작을 조율할 수 있게 된다. 그런데 지금 누가 "자전거 어떻게 타요?"라고 물으면 당신은 처음에 얼마나 힘들었는지 기억하지 못하고 아마 이렇게 대답할 것이다. "그냥 앉아서 균형 잡고 페달 밟으면 되죠. 별거 아니에요!" 이처럼 암묵적 기억은 우리가 자전거 타는 법을 굳이 기억해내려 애쓰지 않아도 자연스럽게 몸이 기억하도록 도와준다. 배웠던 순간을 떠올리지 않아도 그 기술은 이미 우리 안에 자리 잡고 있다(앞서 살펴본 예시, 즉 자동차를 운전할 때 무엇을 어떻게 해야 하는지 일일이 의식하지 않아도 자연스럽게 해낼 수 있는 것과 비슷하다).

하지만 과거에 강렬한 감정을 경험한 적이 있다면 암묵적 기억은 우리를 꽤 힘들게 할 수도 있다. 이러한 기억은 우리가 의식하지 못하는 사이에도 감정적으로 우리를 휘어잡는다.

그렇다고 암묵적 기억만 있는 것은 아니다. 우리에게는 **명시적 기억**, 즉 '내가 지금 무언가를 기억하고 있다'라고 '자각하는' 기억도 있다. 이러한 기억은 뇌의 해마에 저장되고, 암묵적 기억과 함께 작동해 우리가 지금 겪는 일과 주변 상황을 더 잘 인식하도록 돕는다.

여기서 정말 흥미로운 부분이 있다. 강렬한 감정을 경험할 때,

마음챙김의 뇌과학

해마는 간혹 작동을 멈추고 그 순간의 기억이 명시적으로 저장되지 못하게 한다. 반대로 감정적 경험 중에 해마가 계속 작동하면 그 기억은 더 쉽게 떠오른다.

'두려움'은 흔히 암묵적 기억으로 저장된다. 이런 암묵적 기억을 의식의 영역으로 끌어올려 명시적 기억과 통합하면 그 기억이 현재 삶에 미치는 영향력도 서서히 약해질 수 있다.

활력이 넘칠수록 우리는 명시적 기억에 더 의존한다. 뇌는 수면을 통해 에너지를 회복하지만, 마음챙김 역시 우리에게 에너지를 불어넣음으로써 명시적 기억을 더 효과적으로 활용할 수 있게 돕는다.

반대로 피곤하거나 에너지가 떨어지면 암묵적 기억이 우리 삶을 지배하기 쉬워진다. 그럴수록 우리는 늘 하던 방식대로 행동하게 되고, 뇌는 새로운 길을 찾으려 하지 않는다.

신경가소성은 뇌가 '새로운' 경로를 학습하고 만들어내면서 스스로 변화하는 능력이다. 신경 경로가 뇌 안에 어떻게 '깔리는지' 상상해보고 싶으면 풀숲 사이로 난 집으로 가는 길을 상상해보라.

우리가 새로운 것을 배울 때, 뇌는 받아들인 정보들 사이에 신경 경로를 길처럼 '낸다'. 집으로 가는 새로운 길을 내기 위해 같

2장 내 마음을 위한 최소한의 뇌과학

은 길을 계속 걷거나 풀을 깎아 다듬듯이, 그 경로를 유지하려면 같은 일을 반복해야 한다. 이렇게 만들어진 신경 경로는 우리가 무언가에 대해 별생각 없이 반응할 때 저절로 작동한다.

우리가 새로운 일을 하거나 다른 방식으로 행동하면 뇌 속 경로가 바뀌기 시작한다. 이것이 바로 신경가소성이다.

뇌가 명시적 기억을 활용하려면 에너지가 필요하듯, 변화를 일으키는 데도 에너지가 필요하다. MRI, SPECT, EEG 같은 다양한 뇌 연구는 마음챙김이 긍정적인 신경가소성 변화를 유도하는 데 매우 효과적이라는 사실을 입증한다. 사고와 감정을 조절하는 능력을 비롯해 기분·웰빙·자존감·집중력·수면·건강·기억력 등 다양한 영역이 마음챙김으로 인해 향상될 수 있음을 보여준다.

당신의 삶에도 두려움이나 불안이 영향을 미치고 있는가? 과거의 기억이 여전히 당신을 붙잡고 있는가? 마음챙김은 뇌의 작동 방식뿐만 아니라 뇌의 구조 자체를 바꿀 수 있다.

마음챙김의 뇌과학

최적의 뇌를 만드는 조건

항상성

우리가 최상의 기능을 발휘하려면 뇌와 신체 사이의 에너지 흐름이 원활해야 한다. 뇌가 최적의 상태로 작동한다는 것은 네 가지 핵심 영역 사이에 **항상성**(균형)이 유지된다는 뜻이다. 이 균형이 깨지고 특정 영역이 과도하게 활성화되면 다음 그림과 같은 신호가 나타날 수 있다.

2장 내 마음을 위한 최소한의 뇌과학

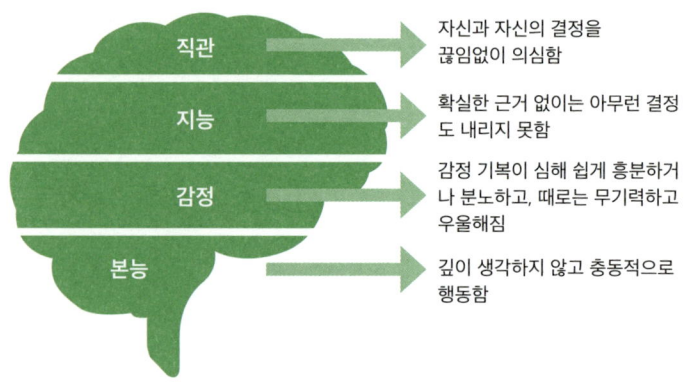

직관	자신과 자신의 결정을 끊임없이 의심함
지능	확실한 근거 없이는 아무런 결정도 내리지 못함
감정	감정 기복이 심해 쉽게 흥분하거나 분노하고, 때로는 무기력하고 우울해짐
본능	깊이 생각하지 않고 충동적으로 행동함

　마음챙김을 통해 뇌가 이완되면 몸과 마음은 스스로 균형을 회복하려는 방향으로 움직인다.

　기억하라. 마음챙김은 어떤 도달점이 아니라 여정이다. 하루에 6만 가지 생각에 시달리는 상태에서 벗어나 아무 생각 없이 그저 이 순간에 존재하는 상태로 나아가는 여정이다.

동조성

또 하나 중요한 개념은 **동조성**이다. 동조성은 뇌의 여러 영역이 서로 얼마나 잘 연결되어 있는지 나타내는 척도다. 동조성이 너무 낮으면 두 영역이 서로 분리되지 못하고 부자연스럽게 엉겨 작동한다. 반대로 동조성이 지나치게 높아도 문제가 생길 수 있다. 예를 들어, 말하기를 담당하는 브로카 영역과 언어 해석을 담당하는 베르니케 영역 사이의 동조성이 지나치게 높으면 언어장애가 나타날 수 있다.

앞 장에서 살펴보았듯, 신경세포는 활성화될 때 전기신호를 생성하는데, 이 신호들이 모여 전기장을 만들어낸다. 이와 동시에 몸의 다른 세포들도 아주 미세하지만 측정 가능한 전기장을 생성한다. 신체의 모든 움직임이 이러한 미세 전류를 만들어내기 때문에 세포들은 서로 겹치는 전기장을 통해 긴밀하게 연결되어 있다. 이 전기장은 몸의 경계를 '넘어' 외부로도 확장된다.

장기 세포organ cell는 동시에 활성화되는 경향이 있어서 장기에서는 훨씬 더 강한 전기장이 생성된다. 예를 들어, 심장은 밀리볼트 단위의 미세한 전기파를 만들어내는데, 이는 심전도ECG로 감지할 수 있다.

건강한 심장은 들숨에 빨라지고 날숨에 느려진다는 사실이 잘 알려져 있다. 숨을 내쉴 때마다 뇌는 미주신경을 통해 심장근육에 속도를 늦추라는 신호를 보낸다. 반대로 숨을 들이쉴 때는 이

2장 내 마음을 위한 최소한의 뇌과학

신호가 약해지면서 심장박동이 빨라진다. 이러한 박동 변화의 양상을 시간에 따라 그래프로 나타내면 **심박 변이도**HRV라는 패턴이 그려진다. 이 변동은 교감신경계(위험이나 스트레스 반응)와 부교감신경계(일상적 회복과 조절 기능) 간의 상호작용으로 조절된다. 즉, 교감신경계는 심박수를 빠르게 하고 부교감신경계는 느리게 한다.

HRV에 대해 아직 밝혀지지 않은 부분이 많지만, 급성 스트레스에 민감하게 반응한다는 점은 분명해 보인다. 실험실 연구에서는 높은 수준의 정신 활동이나 복잡한 의사결정이 HRV를 낮추는 것으로 나타났다. 또 HRV는 나이가 들수록 감소하는데, 질병의 초기 징후로 이 수치가 낮아지기도 한다. 따라서 HRV를 적정 수준으로 유지하면, 스트레스를 줄이고 전반적인 건강 상태를 높일 수 있다.

HRV는 고강도 운동과 회복을 번갈아 수행하는 운동 전략으로 높일 수 있다. 예를 들어, 짧게 전속력으로 달린 뒤 몇 분간 휴식을 취하는 방식이 이에 해당한다. 이때 휴식 구간에서 명상이나 색칠하기 같은 마음챙김 기법을 병행하면 효과가 더욱 높아진다.

HRV는 감정 상태에도 영향을 받는다. 연민 같은 긍정적 감정

마음챙김의 뇌과학

을 느낄 때는 심장 리듬이 조화롭고 안정된 패턴을 보인다. 반면에 분노 같은 부정적 감정을 느낄 때는 리듬이 불규칙한 패턴으로 바뀌고 몸도 스트레스를 받는다. 심장 질환 위험에 관한 여러 연구에 따르면, 분노를 표출한 사람과 억누른 사람 '모두' 심장병 위험이 크게 높아지는 경향을 보였다.

내가 진행한 연구에 따르면, 사람들이 의도적으로 심장 리듬을 더 동조적인 상태로 조절하면 감정 상태가 호전되는 것으로 나타났다. 동조 상태는 단순한 이완보다 더 강력한 생리적 안정 상태로 보인다. 사람들은 마음챙김 기법을 통해 심박수를 늦추고 알파파 상태를 유지하는 법을 배울 수 있다. 이러한 상태는 마음에 평온함을 안겨준다. 심장 리듬의 동조성을 높이려면 올바른 호흡법을 익히는 것도 중요한데, 이에 대해서는 3장에서 자세히 다루겠다.

세상의 모든 리듬

신체의 전기장은 피부 너머까지 확장되기 때문에 심장 리듬이 조화롭든 불규칙하든 그에 따라 생성되는 전자기장을 다른 사람

2장 내 마음을 위한 최소한의 뇌과학

이 감지할 수 있다. 즉, 한 사람의 감정 상태가 다른 사람에게 영향을 미칠 수 있다는 뜻이다.

어떤 사람들은 이러한 전자기장을 의식적으로 느낄 수 있다고 말하지만, 대부분은 무의식 수준에서 감지한다. 우리가 말하는 '느낌이 좋다' '그 사람 분위기 좋다' 같은 표현이 바로 그러한 감지의 결과다. 연구에 따르면, 콘서트에서 사람들이 함께 노래를 부르기 시작하면 심장 리듬이 서로 동기화되는 현상이 나타난다. 두 사람이 함께 살거나 강한 유대감을 형성하는 경우에도 뇌와 심장의 전기적 패턴이 자연스럽게 일치하기도 한다. 함께 사는 여성들의 생리 주기가 점차 맞춰지는 현상도 비슷한 맥락이다.

대부분 무의식적으로 이루어지지만 사람들이 서로의 생체 자기장에 동조하는 능력이 있다는 사실은 실로 획기적인 의미를 지닌다. 실제로 과학자들은 심장이나 신체를 넘어 우주 만물이 파동의 형태로 움직인다고 주장한다.

리듬은 모든 수준에서 발견된다. 원자의 진동, 분자의 구조적 파동 그리고 복잡한 생명체에서 일어나는 파동까지 이 세상은 리듬으로 가득하다. 사람은 각자의 맥동하는 세포, 요동치는 호르몬, 성장과 성숙의 주기 같은 리듬 속에서 살아간다. 그와 동

마음챙김의 뇌과학

시에 세상이 만들어내는 다양한 리듬과 주기, 파동에도 끊임없이 영향을 받는다. 예를 들어, 90분에서 120분 주기로 에너지가 오르내리는 초주기 리듬, 24시간 주기의 일주기 리듬(생체 시계), 일주일 단위의 주간 주기, 달의 움직임과 연결된 월간 주기, 소리와 빛으로 생성되는 리듬 등이 있다.

구체적으로, **일주기 리듬**은 호르몬 변화나 체중 증가와 밀접한 관련이 있다. 연구에 따르면, 비만 치료에 빛과 어둠의 일주기 패턴을 조절하는 방법을 활용할 수 있다. 가령 열네 시간 동안 어둠에 노출되면 수면을 깊고 안정적으로 유도하고, 이 과정에서 식욕과 대사에 영향을 미치는 호르몬이 조절되어 체중 감량에 도움이 된다.

한편, **초주기 리듬**은 주의 집중 시간이나 배고픔에 영향을 미치는 호르몬의 주기적 분비와 관련이 있는 것으로 보인다. 실제로 사람들이 90분 정도 간격으로 냉장고나 커피포트로 향한다는 실험 결과가 있는데, 이는 신체가 자연스러운 초주기 리듬에 반응한 결과로 해석된다.

우리 몸속의 이런 파동을 억누르면 스트레스를 받거나 병에 걸린다는 주장은 꽤 타당해 보인다. 다시 말해, 몸 안팎의 파동을 잘 유지하는 것이 건강을 유지하는 열쇠라는 뜻이다. 예를 들

2장 내 마음을 위한 최소한의 뇌과학

어, 심장 리듬이 서로 동기화되면 건강에 매우 긍정적인 효과를 준다. 외로움을 느낄 때는 건강이 크게 나빠지지만, 가족과 친구와 사회적 관계 속에 있을 때는 건강 상태가 훨씬 좋아진다. 이는 모두 심장의 자연스러운 연결성과 깊은 관련이 있다.

마음챙김 기법은 우리 안팎의 파동을 유지하는 핵심 열쇠다. 3장에서는 각자의 취향이나 생활 방식에 상관없이 누구나 실천하거나 응용할 수 있는 마음챙김 연습 과제를 살펴보자.

（（ 3장 ））

일상 속의 마음챙김

마음챙김을 실천할 때, 색칠하기나 다른 활동을 더 효과적으로 수행하기 위해서는 다음 **핵심 기술** 세 가지에 집중해야 한다.

1. 의도 설정하기
2. 알아차림 기르기
3. 주의 조절하기

이제 각 기술이 뇌의 집중력과 주의력에 어떤 영향을 미치는지 하나씩 살펴보자.

I. 의도 설정하기

의도 설정은 어떤 활동에서든 가장 기본이 되는 단계다. 의도란 **특정한 행동을 통해 이루고자 하는 바**를 뜻한다. 마음챙김에서 의도는 어디에 주의를 기울일지 스스로 선택하는 것을 의미한다. 예를 들어, 5~10분 정도 인터넷을 끄고 천천히 호흡하면서 지금 하는 활동에 집중하겠다는 다짐도 의도가 될 수 있다. 마음챙김이란 주의가 흐트러질 때마다 다시 그 의도에 주의를 되돌리는 과정이다.

연습 과제: 의도 설정하기

▶ 의도를 정하라. 가령 색칠하면서 5~10분 정도 편안히 쉬겠다고 마음먹는다(이 의도는 다른 마음챙김 활동에도 얼마든지 응용할 수 있다).

▶ 그 의도를 구체화하라. 컬러링북을 꺼내서 실제로 색칠을 시작해보는 것이다(집중력을 높이고 싶다면 색칠하면서 헤드폰으로

음악을 듣거나 아래 QR코드를 통해 6분 30초짜리 '알파 사운드'를 들어도 좋다).

▶ 마음챙김을 위한 알파 사운드 〈컬러테이션〉

▶ 의도를 마음속에 계속 떠올려라.
▶ 잡생각이나 느낌, 주의가 흐트러지는 순간을 알아차리면 '지금 내 의도는 색칠에 집중하는 것'임을 상기하고 주의를 다시 그 활동으로 되돌려라.
▶ 중간중간 점검하라. 지금 내 생각과 행동이 처음 세운 의도와 일치하는지 스스로 확인해보는 것이다.

2. 알아차림 기르기

알아차림을 의식한다는 말이 다소 혁신적인 개념처럼 들릴 수 있지만, 이는 단순히 지금 이 순간 마음속에 떠오르는 것을 그때그때 있는 그대로 알아차리는 것을 뜻한다. 여기에는 생각, 느낌, 신체 감각, 주변 환경에 대한 인식이 모두 포함된다. 지금 일어

3장 일상 속의 마음챙김

나는 일에 주의를 기울이고, 불쑥 끼어드는 잡념이나 방해 요소를 인정한 뒤, 조용히 흘려보내는 과정이다.

이 마음챙김 활동의 목표는 아무것도 바꾸려 들지 않고 그저 있는 그대로 알아차리는 것이다. 색칠하고 있다면 그 행위만 알아차리면 된다. 그냥 관찰하고, 그렇게 관찰한 것을 그대로 받아들이면 된다.

알아차림은 원치 않는 생각과 행동의 패턴을 바꾸기 위한 첫걸음이다.

연습 과제: 알아차림 기르기

▶ 잠시 멈춰라.
▶ 지금 이 순간 마음속에 떠오르는 것에 주목하라. 생각과 느낌, 신체 감각, 주변 환경에 주의를 기울여라. 바꾸려 하지 말고 그저 알아차리기만 하면 된다.
▶ 주의가 흐트러질 때마다 의도를 떠올리고, 다시 지금 이 순간으로 주의를 되돌려라.

3. 주의 조절하기

주의를 조절한다는 말은 **의도적으로 주의를 기울인다**는 뜻이다.

우리는 산만함이 넘쳐나는 문화 속에서 살아가고 있다. 수많은 일이 한꺼번에 우리의 주의를 끌려고 하다 보니, 걸핏하면 압도되고 과부하 상태에 빠진다.

하지만 마음챙김을 꾸준히 실천하면 뇌의 자기 조절 능력이 향상된다. 주의를 조절할 수 있게 되면 집중력과 기억력은 물론이고 생각이 또렷해지는 인지적 명료함도 따라온다.

마음을 가라앉히고 무언가에 의도적으로 주의를 기울이는 연습을 반복하라. 그럴수록 뇌에서 새로운 신경 경로가 형성되고 강화된다.

연습 과제: 주의 조절하기

▶ 주의를 기울이겠다는 의도를 설정하라. 주의를 기울일 대상으로 색칠하기를 선택하라.

▶ 이제 색을 칠하기로 선택한 지면을 찬찬히 살펴보라. 생각, 느낌, 신체 감각에 주의를 기울이고, 주변 환경에 주의가 흐트러지지 않도록 집중하라. 방해 요소가 있으면 판단하지 말고 그저 인정한 뒤 흘려보내라.

▶ 주의를 다시 색칠로 돌려라. 지금 집중하고 있는 이미지의 세부 사항에 주목하라. 어떤 모습이고, 어떤 느낌을 불러일으키는지 주의 깊게 살펴라.

▶ 이 과정을 5분~10분 정도 계속하다가 멈춰라.

마음챙김의 뇌과학

활동별 마음챙김 실천법

이제 마음챙김을 하기 위해 실천할 수 있는 다양한 활동을 좀 더 자세히 살펴보자. 그다음에는 그러한 기술을 어떻게 다듬어갈지도 함께 알아보겠다.

일상 속 활동

앞서 살펴보았듯이, 마음챙김 기법은 정말 다양한 과제에 적용할 수 있다. 심지어 머리를 빗는 것처럼 평범한 일상 활동에도 적용할 수 있다. 어떤 활동을 선택하든, 1장에서 언급한 핵심 요소 세 가지가 담겨 있으면 된다.

1. 패턴
2. 반복
3. 통제

여기서 중요한 것은 머릿속에서 끊임없이 흘러나오는 산만한 잡음을 잠시 꺼두고 지금 이 순간에 집중하는 것이다.

연습 과제: 마음챙김 머리 빗기

▶ 활동 내내 주의가 흐트러지는지 점검하고, 지금 집중해야 할 과제가 머리 빗는 일임을 상기하라.
▶ 거울 앞에 서라. 거울에 비친 자신을 바라보며 숨을 깊이 들이쉬고 내쉴 때 속으로 '긴장 풀어'라고 말하라.
▶ 빗이나 헤어브러시를 집어라. 손잡이를 쥐었을 때 손에 느껴

지는 감각에 주의를 기울여라. 따뜻한가? 차가운가? 부드러운가? 단단한가? 매끄러운가? 거친가? 미끄럽거나 끈적이지는 않는가?

▶ 빗이나 헤어브러시를 물에 헹궈라. 수도꼭지를 돌릴 때 손과 손가락에 닿는 감각을 느껴보라. 따뜻한가? 차가운가? 부드러운가? 단단한가? 매끄러운가? 거친가? 미끄럽거나 끈적이지는 않는가? 반짝이는가, 아니면 흐릿한가? 건조한가, 아니면 물기로 덮여 있는가?

▶ 물이 세면대로 흘러들기 시작하면 그 모습을 잠시 바라보라. 물줄기는 어떤 모습인가? 잔잔하게 흐르는가, 한 방울씩 뚝뚝 떨어지는가, 아니면 세차게 쏟아지는가? 물이 소리를 내며 곧장 배수구로 빠져나가는가, 아니면 세면대에 고이기 시작하는가?

▶ 빗이나 헤어브러시를 물에 담그고, 물줄기가 그것을 타고 흐를 때 손에 닿는 감각을 느껴보라. 손이 젖었는가? 물 흐르는 소리는 어떤가?

▶ 빗이나 헤어브러시를 담아두는 통이 있다면 들어보라. 그 무게는 어느 정도인가? 손에 쥐었을 때 어떤 느낌이 드는가? 따뜻한가? 차가운가? 단단한가? 부드러운가? 매끄러운가? 거친가? 미끄럽거나 끈적이지는 않는가?

3장 일상 속의 마음챙김

- 손가락으로 빗이나 헤어브러시를 가볍게 쓸어보라. 어떤 냄새가 나는가? 상쾌한 향인가? 빗살이나 헤어브러시의 솔은 단단하고 뻣뻣한가, 아니면 부드럽고 유연한가?
- 머리를 빗을 때 어떤 느낌이 드는지 주목하라. 두피를 스칠 때 약간 따끔한 느낌이 드는가? 움직임은 부드러운가, 아니면 걸리는 부분이 있는가? 원하는 방향으로 머리카락이 잘 정돈되고 있는가?
- 손가락으로 머리를 천천히 쓸어보며 두피에서 전해지는 감각에 주목하라. 손가락 끝에 닿는 촉감은 빗이나 헤어브러시로 느낄 때와 어떻게 다른가?
- 다시 한번 빗이나 헤어브러시에 주의를 기울이고, 다 쓴 뒤에는 제자리에 놓아라.
- 거울에 비친 자신을 다시 바라보라. 숨을 깊이 들이쉬고 몸의 긴장을 풀어라. 마음챙김에 몰입한 뇌에서 오는 편안한 감각을 천천히 음미하라.

당신의 삶에 마음챙김 원칙을 적용할 만한 활동에는 어떤 것이 있을까? 전문 기술이 필요한 일이든, 약간의 숙련이 필요한 일이든, 혹은 단순하고 익숙한 일이든 상관없다. 당신에게 적합한 활동을 한 가지 떠올려보라.

신체 감각에 대한 알아차림

1장에서 언급했듯이, 대표적인 마음챙김 연습 중 하나는 '바디 스캔'이다. 이는 몸의 각 부위에 차례로 주의를 기울이면서 어떤 감각이 느껴지는지 알아차리고, 그 부위에 차분하고 긍정적인 생각을 보내는 활동이다.

이 활동을 꾸준히 연습하면 자기 몸을 있는 그대로 받아들이고, 신체 감각에 더 민감하게 반응하며, 더 깊은 이완 상태에 도달할 수 있다. 바디 스캔은 명상을 포함한 다른 마음챙김 활동을 준비하는 데도 도움이 된다.

연습 과제: 바디 스캔하기

▶ 편안한 자세로 눕거나 앉아라. 몸이 따뜻하고 이완될 수 있는 상태인지 확인하라.

▶ 먼저 코로 천천히 숨을 들이마시며 셋까지 세라. 그다음 입으로 더 천천히 숨을 내쉬며 다섯까지 센 뒤, 다시 자연스러운

호흡으로 돌아가라.

▶ 왼발에 온전히 주의를 집중하라. 왼발의 발가락, 발뒤꿈치, 발바닥, 발등을 차례로 떠올려라. 각 부위가 어떻게 느껴지는지 주의를 기울여라. 다음은 왼쪽 발목이다. 어떤 감각이 느껴지는가? 통증이 있는가? 차가운가, 따뜻한가? 가볍거나 무겁게 느껴지는가? 느껴지는 감각을 있는 그대로 받아들여라.

▶ 이번에는 오른발로 주의를 옮겨라. 오른발의 발가락, 발뒤꿈치, 발바닥, 발등을 차례로 떠올려라. 각 부위가 어떻게 느껴지는가? 그다음은 오른쪽 발목이다. 통증이 있는가? 차가운가, 따뜻한가? 가볍거나 무겁게 느껴지는가?

▶ 이번에는 오른쪽 다리로 주의를 옮겨라. 발끝부터 시작해 무릎과 허벅지를 지나 다리 위쪽의 엉덩이까지 올라가라. 엉덩이가 긴장되어 있는가, 이완되어 있는가? 따뜻한가, 차가운가? 가벼운가, 무거운가? 오른쪽 다리 전체에 따뜻하고 긍정적인 마음을 보내라. 왼쪽 다리도 같은 방식으로 반복하라.

▶ 이제 발가락부터 엉덩이까지 양쪽 다리에 주의를 기울여라. 가만히 숨을 쉬면서 다리에 다정한 마음을 보내라. 부드럽게 숨을 들이마시고 그 호흡이 다리로 스며드는 느낌을 음미해보라.

▶ 이번에는 배 부위로 주의를 옮겨라. 지금 이 순간 배에서 일

마음챙김의 뇌과학

어나는 감각을 알아차려라. 무엇이 느껴지든 있는 그대로 두고, 그 부위에 다정한 마음을 보내라.

▶ 이제 등에 집중하라. 아래쪽 허리부터 시작해 어깨까지 천천히 올라가라. 등에서 느껴지는 감각이 있다면 주의 깊게 느껴본 뒤, 편안하고 따뜻한 마음을 등 전체에 보내라. 잠시 가만히 머무르며, 등에서 일어나는 모든 감각을 조용히 바라보라.

▶ 이번에는 손가락과 손목으로 주의를 옮겨라. 당신의 손이 무엇을 감당해왔는지 떠올려보라. 수고해온 두 손에 따뜻한 마음을 전하라. 그다음 손목부터 어깨까지, 팔 전체로 주의를 확장하라. 무엇이 느껴지든 조용히 알아차려라.

▶ 잠시 멈추고 호흡에 집중하라. 이번에는 목과 목구멍에 주의를 기울여라. 침을 삼키면서 목과 목구멍에서 느껴지는 감각을 알아차려라. 그다음에는 건강과 치유에 관한 생각을 목과 목구멍에 보내라.

▶ 이제 얼굴로 주의를 옮겨라. 턱, 입, 볼, 눈, 눈썹, 이마, 귀를 차례로 떠올려보라. 그곳에 어떤 감각이 있는지 잠시 느껴보라. 무언가를 바꾸려 하지 말고, 그저 있는 그대로 알아차려라. 긍정적인 마음을 보내며 미소를 지어보라.

▶ 그다음은 머리 전체로 주의를 확장하라. 두피와 머리카락, 머리뼈 속에 있는 뇌까지 느껴보라. 머릿속과 마음속에서 일어

3장 일상 속의 마음챙김

나는 움직임을 조용히 살펴라. 긍정적인 마음을 보내면서 자신의 내면과 그 안에 깃든 지혜를 느껴보라.

▶ 마지막으로 배가 불룩해지도록 숨을 깊이 들이마시면서 온몸에 차분하고 편안한 에너지를 채워라. 숨을 내쉴 때는 내려놓아도 되는 것들을 부드럽게 흘려보내라.

▶ 천천히 눈을 뜨고, 지금 있는 곳으로 주의를 되돌려라.

색칠하기

앞서 언급했듯이, 색칠하기는 가장 효과적이면서도 쉽게 실천할 수 있는 마음챙김 활동 가운데 하나다. 최상의 효과를 얻으려면, 컴퓨터나 다른 방해 요소에서 벗어나 하루 두 번 이상 실행해야 한다. 원한다면 이어폰을 끼고서 좋아하는 음악을 듣거나 아래 QR코드를 통해 알파 사운드를 들으며 진행해도 좋다.

▶ 마음챙김을 위한 알파 사운드 〈컬러테이션〉

마음챙김의 뇌과학

연습 과제: 마음챙김 색칠하기

▶ 색칠을 시작하기 전에 집중력을 유지하는 데 도움이 될 만한 색을 떠올려보라. 자신에게 의미 있거나 마음에 드는 색을 고르자. 여러 색을 시험해보며 자신에게 가장 맞는 색을 찾아가는 것도 좋다. 색을 고를 때는 억지로 생각하지 말고, 자연스럽게 마음에 떠오르는 대로 맡겨보자. 아래 목록은 내가 만든 『컬러테이션』 컬러링북을 사용한 환자들이 특정한 색과 연관 지어 느낀 감정의 예시다.

흰색: 좌절감, 혼란, 지루함

검은색: 압박감, 과로, 긴장

회색: 불안, 팽팽한 긴장

진한 파란색: 행복감, 열정, 낭만

파란색: 편안함, 차분함, 안정감, 사랑스러움

분홍색: 두려움, 불확실함, 의심

보라색: 감각적이고 또렷하며 목적의식이 있는 상태

붉은색: 들뜬 감정, 활력, 모험심, 준비된 상태

주황색: 자극적 아이디어, 갈망, 대담함

갈색: 불안한 기대감, 산만한 생각

진한 초록색: 감정이 깨어 있으면서도 비교적 안정된 상태

중간 초록색: 스트레스 없이 적당히 활기찬 평균 상태

옅은 초록색: 마음이 다소 불안하고 감정이 엇갈리는 상태

노란색: 상상력이 풍부하고 기분은 좋으나 생각이 여기저기 떠도는 상태

마음챙김의 뇌과학

▶ 마음에 드는 그림을 골라 5~10분 정도 색칠하는 데 집중하
라. 그림을 다 완성할 필요는 없다. 다음에 이어서 해도 괜찮
다. 지금 이 순간 해야 할 일은 단 하나, 그저 색칠하는 행위
에 몰입하고 즐기는 것이다. 편안하게 집중하면서 내 안의 창
조성이 자연스럽게 드러나는 모습을 지켜보라. 뇌는 이런 시
간을 정말 좋아한다.

▶ 당신의 의도는 5~10분 정도 긴장을 푸는 것임을 기억하라.
무엇을 하고 있는지 의식하면서 색칠하는 이미지에만 주의를
집중하라.

▶ 아주 짧게 하거나 충분히 오래 해도 좋다. 하루 한두 번, 또는
스트레스를 느낄 때마다 색칠하면 뇌는 자연스럽게 이완하는
법을 익힐 것이다.

공예와 취미

우리가 요즘 여가로 즐기는 여러 활동이 예전에는 생존을 위한
필수 작업이었다. 먹거리를 얻으려고 텃밭을 가꾸고, 옷을 지으
려고 바느질을 해야 했다. 그런데 최근 들어서 이러한 활동이 다
시 활기를 띠기 시작했다. 단순하고 반복적인 작업이 주는 이완

효과 덕분이다. 이들 중 일부는 기술 수준에 따라 난이도가 달라진다.

특히 **뜨개질**은 마음챙김으로 인한 치료 효과가 있다는 사실이 알려지면서 다시 주목받는 대표적인 수공예다.

연습 과제: 마음챙김 뜨개질하기

뜨개질을 하는 내내 주의가 흐트러지는 순간을 알아차리고, 지금 집중해야 하는 활동, 즉 뜨개질로 다시 마음을 돌려야 한다.

▶ 뜨개질 도구를 챙겨서 편안한 의자에 앉아라.
▶ 실을 양손에 들어보라. 어떤 느낌이 드는가? 굵은가? 가는가? 부드러운가? 까슬까슬한가? 매끄러운가? 특별한 질감이 느껴지는가?
▶ 실 냄새를 맡아보라. 그 향을 천천히 음미하라. 신선한가? 퀴퀴한가? 은은한가? 진한가?
▶ 실을 무릎에 내려놓고 바늘을 들어보라. 손가락 사이에서 어떤 감촉이 느껴지는지 주의를 기울여보라. 매끄러운가? 특별

한 질감이 느껴지는가? 따뜻한가? 차가운가? 굵은가? 가는가? 건조한가? 기름기가 있는가? 겉보기에 반짝거리는가, 아니면 흐릿한가?

▶ 뜨개질을 시작하기 전에 지금까지 만든 작품을 잠시 들여다보라. 이제 막 시작했는가, 거의 끝나가는가? 깔끔한가, 지저분한가? 느슨한가, 팽팽한가? 어떤 종류의 스티치를 썼는가?

▶ 뜨개질을 시작하라. 바늘을 움직이기 시작한 손의 감각에 주의를 기울여라.

▶ 실이 바늘 위로 자연스럽게 감기며 무늬를 만들어가는 모습을 지켜보라. 바늘을 계속 움직이면서 무늬가 생겨나는 모습을 지켜보라.

▶ 호흡을 느껴보라. 숨을 내쉴 때마다 실이 순조롭게 당신의 작품을 완성해가는 모습을 느껴보라.

▶ 당신의 손가락은 바쁘게 움직이고 있다. 바늘을 조율해가는 손가락의 움직임을 지켜보라. 그 감각에 집중하면서 생각해보자. 손가락이 긴장되어 있는가, 이완되어 있는가? 주름지고 거친가, 탱탱하고 매끄러운가? 뻣뻣한가, 유연한가?

▶ 바늘을 자연스럽게 움직이면서 작품이 완성되어가는 동안 점점 작아지는 실뭉치를 지켜보라.

▶ 작품이 형태를 갖춰가는 모습을 바라보며 그 과정이 얼마나

3장 일상 속의 마음챙김

기분 좋은 일인지 느껴보라.

▶ 뜨개질을 마치고 실과 바늘을 내려놓으면서 자신에게 환한
미소를 선물하라.

야외 활동

야외에 있을 때도 마음챙김을 계속 실천할 수 있다. 지금부터 소
개할 연습 과제 세 가지를 통해 그 방법을 알아보자.

연습 과제: 자연 속에 머물기

▶ 야외에서 마음챙김을 실천하려면 가장 먼저 주변 환경을 인
식하는 것부터 시작해야 한다.

▶ 하늘을 바라보라. 어떤 색인가? 구름이 끼었는가, 맑고 화창
한가? 구름이 끼었다면 어떤 모양인가? 태양이 밝게 빛나고
있는가, 아니면 구름에 가려져 있는가? 기온이 따뜻한가, 쌀

쌀한가? 바람이 불고 있는가, 고요한가?

▶ 주변을 둘러보라. 무엇이 보이는가? 덤불과 나무가 있는가? 나무를 자세히 살펴보라. 나뭇잎이 무성한가, 다 떨어졌는가, 아니면 그 중간 상태인가? 나뭇잎의 색깔은 어떤가? 나뭇가지의 색깔은 어떤가? 꽃이나 꽃봉오리가 있는가? 나무는 고요한가, 아니면 바람에 흔들리는가? 나뭇잎의 모양은 어떤가? 크고 넓은가, 작고 섬세한가? 가능하면 나뭇잎을 만져보라. 거친가, 매끄러운가?

▶ 이제 천천히 숨을 들이마시며 주변의 냄새를 느껴보라. 어떤 향이 나는가, 어떤 냄새가 풍기는가? 달콤한가, 시큼한가? 기분 좋은가, 불쾌한가? 자연의 향인가, 아니면 다른 인공적인 냄새인가? 그 냄새가 어떤 기억을 떠올리게 하는가? 혹시 과거의 어느 시간이나 장소로 당신을 데려가지는 않는가?

▶ 풀밭이 보이는가? 자세히 들여다보고 색깔도 느껴보라. 풀이 말라서 갈색인가, 싱그러운 초록색인가? 제멋대로 자라고 있는가, 정성껏 관리되고 있는가? 풀밭에 앉아 있다면 고개를 숙여 직접 만져보라. 손가락 사이로 풀잎을 느껴보고, 잎사귀를 비벼보라. 촉촉한가, 건조한가?

▶ 주변에 꽃이 피어 있는가? 있다면 어떤 색과 모양인가? 손으로 만질 수 있다면 촉감도 느껴보라.

3장 일상 속의 마음챙김

▶ 그 밖에 또 어떤 것들이 눈에 들어오는가? 돌멩이가 보이는가? 보인다면 그 형태와 색을 살펴보라. 이번에도 만질 수 있다면 촉감을 느껴보라. 표면이 깨끗한가, 흙이나 이끼가 묻어 있는가? 날카로운가, 매끄러운가?

▶ 근처에 물이 있는가? 연못이나 강이나 바다인가? 아니면 소나기가 내린 뒤에 생긴 물웅덩이인가? 그 물에 주의를 기울여라. 고요하게 머물러 있는가, 아니면 잔잔히 흐르거나 넘실거리는가? 물의 색은 어떤가? 해변에 있다면 바닷물의 짠 내음이 느껴지는가?

▶ 잠시 귀를 기울여보라. 무슨 소리가 들리는가? 바람 소리만 들리는가? 새가 지저귀는 소리도 들리는가? 사람들 소리는? 아니면 자동차, 트럭, 버스, 기차, 경적, 사이렌, 비행기 소리 같은 도시의 소음이 들리는가?

▶ 주변 온도에도 주의를 기울여보라. 더운가, 추운가? 따뜻한가, 선선한가? 산들바람이 부는가, 고요한가?

▶ 이제 아주 천천히 주의를 일상으로 다시 되돌려보라.

마음챙김의 뇌과학

연습 과제: 마음챙김 걷기

▶ 걸으면서도 마음챙김을 실천할 수 있다. 각 걸음의 움직임과 움직이는 자신의 몸에 집중하기만 하면 된다.

▶ 걷기는 대다수 사람에게 일상적 활동이므로, 걷기를 통해 마음챙김에 쓰는 시간을 자연스럽게 늘릴 수 있다. 마음챙김 걷기는 언제 어디서든 실천할 수 있다. 대지와 연결된 느낌을 주고 자신의 몸에 온전히 머무를 수 있도록 돕는다. 무엇보다도, 머릿속 잡념을 가라앉히고 명료함을 선사한다.

▶ 먼저 다섯 걸음에서 열 걸음 정도 앞뒤로 오갈 수 있는 공간을 찾아라. 실내에서도 괜찮고, 야외 산책 중이거나 러닝 머신 위에서도 할 수 있다. 손은 뒷짐을 지거나 옆에 자연스럽게 둔다.

▶ 걷기 전 잠시 호흡에 집중하라. 숨을 들이마시고 내쉬는 자연스러운 흐름에 주목하라.

▶ 똑바로 서서 체중을 양발에 고르게 실어라. 이제 서 있는 감각을 느껴보라. 몸에 주의를 집중하고, 발바닥이 땅에 닿는 느낌, 몸에 전해지는 압력과 긴장을 의식하라. 서 있을 때 어떤 느낌이 드는지 주의를 기울여라. 발끝에서 발목, 엉덩이,

배, 가슴, 등, 어깨, 팔까지 몸의 모든 부위가 서 있는 자세에 어떻게 관여하는지 알아차려라.

▶ 이제 몸을 오른쪽으로 살며시 기울여라. 체중을 오른쪽에 실을 때 무엇이 달라지는지 느껴지는가? 오른발, 다리, 엉덩이, 등, 목, 팔의 감각에 주의를 기울여라. 이번에는 왼발, 다리, 엉덩이의 느낌에 주의를 기울여라. 몸의 양쪽에서 느껴지는 감각 차이에 주목하라.

▶ 이번에는 체중을 왼쪽으로 옮겨라. 체중 분포가 바뀌면서 몸이 어떻게 반응하는지 느껴보라. 왼발, 다리, 엉덩이의 감각에 집중한 뒤, 오른발, 다리, 엉덩이 쪽으로 주의를 옮겨라.

▶ 이제 의식적으로 천천히 왼쪽 다리를 들어 앞으로 내디뎌라. 발을 땅에 딛고 체중을 왼발에 실어라. 동시에 오른발에서는 체중을 천천히 거두어라. 무게를 지탱하는 왼발의 감각을 느껴보고, 가벼워진 오른발과 어떤 차이가 있는지 비교해보라.

▶ 이번에는 아주 천천히, 의도적으로 오른발을 들어 앞으로 내디뎌라. 발을 땅에 내려놓고 부드럽게 체중을 오른발로 옮겨보라.

▶ 몸의 각 부위가 걷기에 어떻게 참여하는지 의식하고, 걸음을 옮길 때마다 이 과정을 반복하라. 발과 다리, 엉덩이, 등, 배, 가슴, 어깨, 목, 팔, 머리에 이르기까지 몸 전체에서 느껴지는

마음챙김의 뇌과학

감각을 계속해서 알아차려라.

▶ "들고 뻗고 디딘다." 이 짧은 주문이 도움이 될 것이다. 걸음을 옮길 때마다 이 주문을 되뇌어라.

▶ 걷는 과정에 주의를 계속 집중하라. 마음이 딴 데로 흐르지 않게 하라. 하지만 마음이 방황하더라도 괜찮다. 그 사실을 알아차린 순간, 그냥 부드럽게 주의를 다시 걷는 데로 돌리면 된다.

연습 과제: 마음챙김 운전

▶ 운전할 때 우리는 자동 모드에 빠지기 쉽다. 어느새 도착해놓고는 중간에 어떤 길을 지나쳤는지, 어디서 방향을 틀었는지 전혀 떠오르지 않을 때가 많다. 운전은 대개 무의식적으로 이루어지기 때문이다. 생각은 딴 데로 가 있고 몸만 익숙하게 움직일 뿐이다.

▶ 그렇다면 주의력과 집중력을 높이기 위해 마음챙김 운전을 시도해보자. 차를 타기 전에 잠시 멈춰서 차량의 외관을 바라보라. 색깔은 어떤지, 디자인은 어떤지 살펴보라. 깨끗한지,

3장 일상 속의 마음챙김

더러운지, 반짝이는지, 칙칙한지도 관찰하라. 이 차가 마음에 드는지, 아니면 바꾸고 싶은지도 솔직하게 느껴보라. 운전석에 앉을 때는 그 순간의 감각에 집중하라. 앉는 느낌은 어떤가? 좌석은 편안한가? 실내는 깔끔하게 정돈되어 있는가, 아니면 나중에 손질이 필요한가?

▶ 운전석에 앉아 핸들을 잡았을 때 손의 감촉에 주의를 기울여라. 따뜻한가, 차가운가? 단단한가, 부드러운가? 매끄러운가, 끈적거리는가? 등과 다리에 닿는 좌석의 감촉도 느껴보자. 부드러운가, 딱딱한가, 아니면 폭신폭신한가?

▶ 이제 열쇠를 꽂고 시동을 걸어보라. 열쇠가 매끄럽게 들어가는가, 아니면 이리저리 움직여야 들어가는가? 시동이 걸릴 때 차에서 어떤 소리가 나는가? 낮게 윙윙거리는가, 아니면 우렁차게 울리는가? 엔진은 매끄럽게 돌아가는가, 아니면 거칠게 움직이는가?

▶ 백미러와 사이드미러를 확인한 뒤 천천히 출발하라. 창밖으로 무엇이 보이는지 주의 깊게 살펴라. 다른 차들이 있는가? 도로가 붐비는가? 어떤 도로를 달리고 있는가? 시야에 들어오는 차들에 주의를 기울여라 마주 오는 차, 옆을 스치고 지나는 차, 나란히 달리는 차들을 관찰하라. 백미러와 사이드미러를 재빨리 확인하고, 시선은 도로 위에 두어라. 다른 차량

마음챙김의 뇌과학

이나 보행자, 자전거 등 도로를 함께 이용하거나 새로 진입해 올 수 있는 모든 것을 눈여겨보라. 속도나 방향을 바꿔야 할 상황이 있는지도 항상 경계하라.

▶ 생각이 딴 데로 새고 있음을 알아차리면 그 사실을 인정하고 다시 운전에 집중하라. '집중, 집중' 같은 짧은 말을 되뇌며 주의를 되돌리는 것도 도움이 된다. 신호등, 도로 표지판, 차선 표시 등을 살펴보고, 주변 차량에도 주의를 기울여라. 스쳐 지나는 풍경이나 건물에도 관심을 기울여보라.

▶ 도로에서 눈을 떼지 마라. 핸들의 감촉에 다시 주의를 돌려라. 한동안 핸들을 쥐고 있었던 지금, 손에 느껴지는 감각은 어떤가? '집중, 집중'이라고 되뇌면서 집중을 유지하라. 이번에는 가속 페달을 밟고 있는 발의 감각에 주의를 기울여보라. 밟기 쉬운가, 아니면 발을 밀어내는 듯한 저항이 느껴지는가? 수동 기어 차라면, 왼발에 닿는 클러치와 오른발에 닿는 가속 페달은 어떤 느낌을 주는가? 손에 잡히는 기어봉은 어떤 느낌인가? 기어를 바꿀 때마다 의식적으로 움직여라. 변속할 때 달라지는 엔진 소리에도 주의를 기울여보라. 백미러와 사이드미러를 재빨리 확인하고, 시선은 계속 도로를 주시하라. 목적지에 도착할 때까지 오직 운전이라는 행위에만 집중하라.

3장 일상 속의 마음챙김

▶ 나중에 잠시 시간을 내서 운전 중 마음챙김을 실천했던 순간의 경험을 되돌아보라. 이동 경로가 평소보다 더 또렷이 기억나는가? 중간에 기억나지 않는 구간이 있는가? 머릿속이 평소보다 맑아진 느낌이 드는가? 몸에 에너지가 더 남아 있는 것 같은가? 운전에 집중하지 않고 딴생각을 하게 된 것은 언제쯤이었는가?

▶ 운전에 집중하는 데 도움이 되었던 요소들을 떠올려보라.

신체 상태에 대한 알아차림

마음을 가라앉히고 뇌를 진정시킬 필요가 있는 상태인지 어떻게 알 수 있을까? 마음챙김 수련을 시작할 때, 내 몸이 주변의 압박에 얼마나 잘 대처하는지 어떻게 점검할 수 있을까?

우리 몸의 상태를 알아차리는 능력을 내부수용감각interoception이라고 한다. 이는 뇌섬엽이라는 영역이 관여하는 기능이다. 내부수용감각이 부족하면 자신이 불안한 상태에 있다는 사실조차 자각하지 못할 수 있다. 이를 이해하는 간단한 방법은 맥박을 재보는 것이다.

연습 과제: 차이를 느껴보기

▶ 먼저 맥박을 재보라. 맥박을 확인할 수 있는 부위는 두 군데
가 있다.

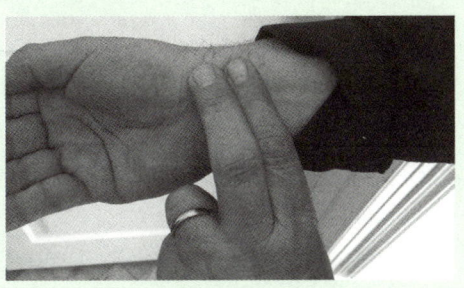

▶ 하나는 손목이다. 손목에 검지와 중지를 가볍게 올린다(위 사
진 참고). 세게 누르지 말고 살며시 얹으면 손가락 끝을 가볍
게 두드리는 듯한 느낌이 들 것이다. 맥박이 잘 느껴지지 않
으면 손가락을 살짝 움직여보라.

▶ 다음은 목이다. 턱 아래쪽 목 부위에 검지와 중지를 댄 뒤, 맥
박이 느껴질 때까지 살짝 움직인다.

▶ 맥박을 훨씬 더 쉽게 느끼는 방법이 있다. 일어나서 몸을 앞
으로 굽혀 발가락을 터치하라. 이 동작을 빠르게 열 번 반복
한 다음 다시 손가락을 목 옆에 가볍게 댄다.

▶ 이제 맥박이 느껴지는가? 박동 수를 셀 수 있겠는가? 화나거나 겁먹거나 긴장하거나 흥분하거나 스트레스를 받거나 운동을 막 마쳤을 때는 심장박동이 빨라져 맥박을 더 쉽게 느낄 수 있다.

▶ 이제 마음챙김 활동을 한 가지 수행한다. 그런 다음 다시 맥박을 재보라. 이번에는 어떤가? 아마 이전보다 훨씬 느리고, 잘 느껴지지도 않을 것이다.

자기 인식

2장에서 우리는 명시적 기억에 담긴 강한 감정이 때론 암묵적 기억의 형태로 저장된다는 사실을 살펴보았다. 이런 기억은 현재에 다시 떠오를 때, 우리의 반응과 행동을 바람직하지 않은 방향으로 이끌 수 있다. '자기 인식'은 마음챙김의 핵심이다. 자기 인식이 깊어질수록 마음챙김 역시 더욱 깊어진다.

'인식하고 있다는 사실 자체를 인식하는 능력'을 키우는 연습을 통해 자기 인식 개념을 더 깊이 이해해보자.

마음챙김의 뇌과학

연습 과제: 암묵적 기억과 명시적 기억

▶ 어린 시절의 명시적 기억을 세 가지 적어보라.

1. _____

_____

_____

2. _____

_____

_____

3. _____

_____

_____

▶ 긍정적 기억인가, 부정적 기억인가?

▶ 그중 하나를 골라 자세히 기술하라.

_____

_____

_____

_____

_____

3장 일상 속의 마음챙김

▶ 선택한 명시적 기억과 연관되었을지도 모르는 암묵적 기억은 무엇인가?

▶ 이 기억을 떠올릴 때 어떤 느낌이 드는가?

▶ 가능하다면 그 경험을 함께했던 사람과 이야기를 나눠보라. 그 사람이 다르게 기억하고 있다면 당신은 그 경험을 다른 관점에서 바라볼 수 있다.

마음챙김의 뇌과학

에너지 관리: 신체 에너지

1장에서 우리는 마음챙김이 뇌를 '이완하는' 데 중요할 뿐만 아니라 에너지 수준을 관리해 뇌가 '효과적으로' 작동하도록 돕기 때문에 중요하다는 사실을 배웠다. 이는 결과적으로 스트레스를 줄이고 기분을 나아지게 하는 데도 도움이 된다.

영양과 **운동**과 **휴식**이 부족하면 기본 에너지 수준은 물론, 감정을 조절하고 주의를 집중하는 능력까지 떨어진다는 사실은 새삼스러운 일이 아니다. 하지만 많은 사람이 살아가기 위해 해야 하는 온갖 일 때문에 건강한 생활 습관을 꾸준히 실천할 방법을 찾지 못하고 있다.

조지는 한 다국적기업에 다니는 직장인이다. 육중한 체구에 식습관도 엉망이고 운동도 거의 하지 않았다. 긴 시간 과중한 업무에 시달리며 하루에 대여섯 시간밖에 자지 못했다.

나와 상담을 시작한 뒤, 조지는 일주일에 세 번 이상 **유산소운동**을 하고 적어도 한 번은 **근력 운동**도 병행했다(연구에 따르면, **경쟁적이지 않고 예측 가능하며 리듬감 있는 운동**이 기분을 나아지게 하고 불안을 줄이는 데 가장 효과적이다. 추천할 만한 운동으로는 하타 요가, 걷기, 수영 등이 있다).

조지는 **정해진 시간에 잠자리에 들고, 수면 시간도 늘렸다.** 식습관도 바꿨다. 하루 두 끼를 폭식하던 방식에서 벗어나 **세 시간마다 가볍게 식사하거나 간단한 간식을 챙겨 먹었다.** 혈당을 일정하게 유지해 에너지의 급격한 오르내림을 피하는 것이 목표였다. 그 결과, 체중이 12킬로그램이나 줄었고 에너지 수준이 눈에 띄게 높아졌다. "예전엔 머리가 맑은 아침에 힘든 업무를 몰아서 했습니다." 조지가 내게 말했다. "그런데 이젠 그럴 필요가 없습니다. 아침 8시나 오후 5시나 집중력에 큰 차이가 없거든요."

조지가 채택한 또 다른 핵심 루틴은 업무 시간 동안 일정한 간격으로 **짧지만 규칙적인 휴식**을 취하는 것이었다. 그때마다 반드시 책상에서 벗어났다. 이런 휴식이 중요한 이유는 우리 몸의

마음챙김의 뇌과학

생리적 리듬과 관련이 있다.

2장에서 살펴보았듯이, 초주기 리듬은 90~120분 주기로 우리 몸이 높은 에너지 상태에서 점차 에너지가 떨어지는 생리적 흐름이다. 각 주기의 끝에 다다르면 우리 몸은 회복이 필요하다는 신호를 보내기 시작한다.

그 신호는 다음과 같다.

- 신체적 초조함
- 하품
- 허기
- 집중력 저하

많은 사람이 이러한 신호를 무시한 채 계속 일한다. 그 결과, 시간이 갈수록 에너지 저장고는 점점 고갈되고 만다.

내 연구에 따르면, 중간중간 짧은 휴식으로 재충전하는 사람이 더 오래, 더 높은 성과를 거둔다. 이때 중요한 것은 휴식의 **양**이 아니라 **질**이다. 단 몇 분간 업무에서 완전히 벗어나 마음을 전환할 수 있다면, 그 짧은 시간만으로도 충분한 회복 효과를 얻을 수 있다. 예를 들어, 동료와 업무 외적인 이야기를 나누거나

3장 일상 속의 마음챙김

헤드폰을 끼고 음악을 듣거나 사무실 계단을 오르내리는 일도 좋은 휴식이 될 수 있다. 여기에 마음챙김 활동까지 더해진다면 효과는 훨씬 더 커진다.

대다수 조직 문화에서 휴식은 당연한 일이 아니다. 성과 지향적인 사람일수록 휴식을 본능적으로 꺼리기 쉽다. 하지만 휴식의 가치는 생각보다 크고, 그 쓰임 또한 다양하다.

마이크는 남아프리카의 한 전자 회사에 다닌다. 그는 조지처럼 루틴 몇 가지를 실천하는데, 매일 오후 20분 걷기도 그중 하나다. 이 짧은 산책은 단순한 운동을 넘어서 정신적으로 숨을 돌리고 감정적으로 여유를 찾는 시간이다. 게다가 이 시간에 가장 창의적인 아이디어가 떠오르기도 한다. 걸을 때는 의식적으로 생각하지 않기 때문에 좌뇌의 활동이 줄어들고, 큰 그림을 조망하고 상상력을 발휘하는 우뇌가 그 자리를 채운다.

당신도 운동, 식사, 수면 습관에 이런 변화를 하나씩 적용해보라. 그 효과는 기대 이상일 것이다!

연습 과제: 빠르고 자연스럽게 잠들기

▶ 잠들기 한 시간 전부터 천천히 긴장을 풀고 하루 동안 쌓인 생각과 감정에서 벗어나라.

▶ 양치질(가능하면 마음챙김 방식으로 하라), 문단속, 커튼 닫기 같은 작은 루틴을 통해 '이제 잠들 시간'임을 상기하라. 잠자리에 드는 시각은 매일 일정하게 유지하라.

▶ 카페인, 니코틴, 알코올 섭취를 제한하라.

▶ 매일 격렬한 운동으로 그간에 쌓인 스트레스를 풀어라. 다만 운동과 수면 사이에는 두 시간 정도 간격을 둔다.

▶ 잠자리에 들기 전, 마치 이미 잠든 사람처럼 깊고 편안하게 호흡하라.

3장 일상 속의 마음챙김

에너지 관리: 감정 에너지

감정을 더 잘 다스릴 수 있게 되면 외부 압박과 상관없이 에너지의 질을 높일 수 있다. 이를 위해서는 먼저 자신이 하루 동안 어떤 감정을 느끼는지, 그 감정이 업무 수행에 어떤 영향을 미치는지 더 잘 인식해야 한다.

사람들은 대개 긍정적인 에너지를 느낄 때 최고의 성과를 낸다는 사실을 알고 있다. 놀라운 점은 그 밖의 감정 상태에서는 좋은 성과를 내기 어렵다는 것이다. 안타깝게도 중간중간 회복 시간을 두지 않으면 우리 몸은 생리적으로 긍정적인 감정을 오래 유지할 수 없다.

끊임없는 요구와 예상치 못한 문제에 직면하면 우리는 하루에도 몇 번씩 부정적인 감정, 즉 **투쟁-도피 모드**에 빠지기 쉽다. 그러면 짜증이 나고 참을성이 없어지거나, 불안하고 위축된 상태가 된다. 이런 감정 상태는 에너지를 소모하고 인간관계에 갈등을 불러온다. 무엇보다도 논리적으로 명확하고 깊이 있게 생각할 수 없다. 하지만 어떤 상황이 이런 부정적 감정을 유발하는지 인식할 수 있으면 감정 반응을 스스로 조절할 힘이 생긴다.

스트레스의 악순환을 끊고 자신에게 '유리한' 방향으로 전환하려면 스트레스를 **마음과 몸이 연결된 순환**으로 바라봐야 한다. **신체적 수준에서는 깊고 안정된 호흡**으로, **정신적 수준에서는** 인식의 전환과 효과적인 **문제 해결**로 이 순환 고리를 끊을 수 있다.

심호흡

부정적인 감정을 가라앉히는 간단하면서도 강력한 마음챙김 루틴 중 하나는 바로 '시간을 버는 것'이다. 그 시간을 확보하는 데 효과적인 방법이 심호흡이다. 심호흡은 투쟁-도피 반응에서 나

3장 일상 속의 마음챙김

타나는 얕고 빠른 호흡과 정반대로 작용하며, 감정의 파고에서 잠시 벗어날 틈을 제공한다.

프레드는 제약 회사에 다닌다. 그는 스트레스를 심하게 받을 때마다 담배에 불을 붙이는 습관이 있었다. 하루 두세 번은 꼭 그랬다. 그 외 시간에는 담배를 피우지 않았다.

나는 프레드에게 곧 소개할 호흡법 중 하나를 대안으로 가르쳐주었고, 놀랍게도 즉시 효과가 나타났다. 스트레스가 심한 상황에서도 그는 더 이상 담배를 피우고 싶다는 충동을 느끼지 않았다. 프레드를 진정시킨 것은 흡연 자체가 아니라 깊게 숨을 들이쉬고 내쉬는 과정에서 오는 이완 효과였다.

이제부터 소개할 모든 호흡법으로 우리는 올바르게 숨 쉬는 방법을 알게 될 것이다. 믿기 어렵겠지만 우리는 대부분 제대로 숨 쉬는 방법조차 모르고 살아간다. 정말이다!

30일 동안 아침마다 꾸준히 연습하라. 그 이후에는 필요할 때마다 활용하면 된다.

마음챙김의 뇌과학

연습 과제: 복식호흡

편안한 자세로 앉아라. 팔은 옆으로 자연스럽게 내리고 어깨는 힘을 뺀다.

숨을 깊게 들이쉬고 천천히 내쉬어라. 아마 눈치채지 못했겠지만, 방금 심장박동이 조금 느려졌다. 하지만 걱정할 필요는 없다. 숨을 들이쉬면 심장박동은 다시 빨라진다. 들이쉴 때 박동이 빨라지고 내쉴 때 느려지는 이 리듬은 심장과 뇌가 건강하게 소통하고 있다는 신호다. 아주 오래된 생리적 리듬이지만, 이

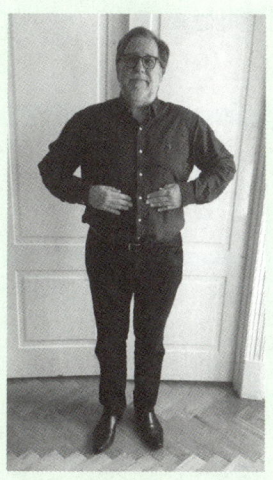

리듬 덕분에 심장은 평생을 버텨낼 수 있다(2장 117쪽에서 이 내용을 다루었다).

기본 호흡을 연습했으니, 이제 복식호흡에 도전해보자. 복식호흡에서는 숨을 들이쉴 때 배가 불룩 나오고, 내쉴 때 배가 안으로 쏙 들어간다.

먼저 입으로 숨을 완전히 내쉬어라. 가슴과 복부가 안쪽으로 꺼지

3장 일상 속의 마음챙김

고 수축되는 느낌을 충분히 느껴본다. 그다음, 코로 천천히 숨을 들이쉬며 복부가 부풀어 오르게 한다. 이때 가슴, 갈비뼈, 어깨는 움직이지 않아야 한다. 공기가 폐 아래쪽까지 차오르면서 복부만 부풀어 올라야 한다.

이 과정을 15회에서 20회 정도 반복하라.

앉아서 하는 복식호흡이 익숙해지면 서 있을 때나 걸을 때도 연습해보자. 그 후에 다음 호흡법도 도전해보자.

연습 과제: 몸과 뇌를 연결하는 호흡

편안한 자세로 서거나 앉아라. 팔은 옆으로 자연스럽게 내리고 어깨는 힘을 뺀다.

먼저 숨을 길게 내쉬며 폐 속의 공기를 완전히 비워내라. 그런 다음 천천히 깊게 들이쉬며 폐를 가득 채운다.

숨을 다 들이쉰 상태에서 마음속으로 '1, 2, 3, 4, 5'를 천천히 세라. 이 과정을 세 번 반복하되, 반복할수록 호흡을 조금씩 더 느리게 해보자. 몸과 마음이 점차 차분해지고 편안해지는 것을 느낄 수 있다.

마음챙김의 뇌과학

이제 방금 배운 호흡법을 활용해 아래에 소개할 여섯 가지 연습 과제를 순서대로 진행해보자.

연습 1: 일어서서 한 손은 가슴 중앙에, 다른 손은 배꼽 바로 위에 올린다. 이제 위에서 배운 호흡법을 연습하면서 두 부위를 부드럽게 원을 그리듯 문질러준다. 손의 위치를 바꾸고 같은 방식으로 반복한다. 이 연습은 혈압을 균형 있게 조절하는 데 도움을 준다.

연습 2: 의자에 앉은 상태에서 오른쪽 다리를 왼쪽 다리 위에 올린다. 오른손으로는 오른쪽 발목을, 왼손으로는 오른쪽 발가락을 잡는다. 이 자세를 유지한 채, 위에서 배운 호흡법을 세 번 반복한다. 그다음 손과 발을 바꾸고, 반대쪽도 같은 방식으로 세 번 호흡한다. 이 연습은 양쪽

3장 일상 속의 마음챙김

대뇌 피질을 고르게 자극한다.

연습 3: 의자에 앉거나 선 자세로 두 발을 바닥에 단단히 붙이고 다시 호흡을 시작한다. 숨을 들이쉬면서 양손을 들어 올려 손끝끼리 가볍게 맞댄다. 숨을 내쉬면서 손을 다시 옆으로 내린다. 이 동작을 세 번 반복한다. 이 연습은 뇌의 신경 활동을 균형 있게 조절하는 데 좋다.

연습 4: 이러한 균형 상태를 유지하기 위해 양팔을 최대한 넓게 벌린다. 그런 다음, 양손을 모아 단단히 깍지를 끼면서 뇌의 좌반구와 우반구가 하나로 이어지는 모습을 상상한다. 그 상태로 호흡을 세 번 반복하면서 몸과 마음이 하나로 연결되는 느낌을 충분히 느껴본다.

마음챙김의 뇌과학

연습 5: 양팔을 들어 올려 각 손의 두 손가락을 양쪽 눈썹 위에 가볍게 댄다. 호흡을 세 번 반복하는 동안 그 지점을 살짝 눌러준다. 너무 세게 누르지는 말고 긴장이 풀리는 정도로만 압력을 준다. 이제 뇌는 산소로 가득 차게 된다. 이 연습은 어지러움을 완화하고, 이완 상태에서 서서히 활력을 되찾도록 돕는다.

연습 6: 뇌를 '완전히' 활성화하기 위해 이 동작을 따라 해보자. 먼저 서 있는 상태에서 왼쪽 무릎을 들어 올려 오른손으로 터치한다. 그다음 오른쪽 무릎을 들어 왼손으로 터치하며 교차 동작을 반복한다. 이 동작을 계속하면서 세 번에 걸쳐 천천히 호흡을 이어간다. 호흡이 어렵게 느껴

진다면, 먼저 동작부터 충분히 익숙해지도록 연습한다. 몸이 자연스럽게 반응하면 이제 호흡과 동작을 함께 연결한다.

심호흡으로 긴장을 푸는 법

▶ 소화작용이 이완을 방해할 수 있으므로 공복 상태에서 시도하는 것이 좋다.

▶ 20분 뒤 맑은 정신으로 깨어나겠다고 미리 마음의 준비를 하라. 더 확실한 전환을 원한다면 25분 후 알람을 설정해두는 것도 좋다.

▶ 일주일에 몇 번씩, 15분에서 20분 동안 심호흡으로 몸과 마음을 고요하게 가라앉혀라.

인식 바꾸기

1장에서 살펴보았듯이, 모든 스트레스의 근본 원인은 상황을 원하는 대로 통제할 수 없다는 **인식**에서 비롯된다(5장에서 다루겠지만, 이러한 인식은 면역 체계에도 깊은 영향을 미친다). 대학 연구진은 통제할 수 없다는 인식이 위험 자체보다 더 큰 스트레스를 유발할 수 있다는 사실을 발견했다. 그들은 레이싱 카 운전자가 최고 속도로 주행할 때와 피트에서 차량을 점검받으며 기다릴 때의 투쟁-도피 반응을 각각 측정했다. 운전자의 스트레스가 더 높았던 쪽은 후자였다.

사람은 누구나 자기가 세상을 바라보는 방식이 옳다고 믿는다. 하지만 모든 경험과 정보는 개인의 인식을 통해 걸러지고 이미 형성된 신념에 맞춰 왜곡되기도 한다. 이를 **지각 편향**이라고 한다. 지각 편향에 도전하고, 상황을 다른 관점에서 바라보는 능력은 스트레스를 관리하는 데 매우 중요한 기술이다.

자기 대화

당신이 세상을 어떻게 인식하느냐는 자기 자신에게 하는 말, 즉 **자기 대화**를 통해 드러난다. 인식에 대한 반응은 두 가지 방식으로 나타난다.

1. 자동적 반응	2. 생산적 반응
"이건 최악이야." "이렇게 또는 저렇게 해야 했는데….""왜 하필 나야?" "가만두지 않겠어. 두고 봐…."	"왜 이 상황이 나를 이렇게 흔들까?" "지금 내 선택지는 뭘까?" "상황을 제대로 이해하려면 어떤 정보가 더 필요할까?" "내가 지금 통제할 수 있는 건 내 행동뿐이야."
• 이러한 사고방식은 비생산적일 뿐만 아니라 상황을 개선할 가능성도 거의 없다.	• 이러한 사고방식은 상황을 더 긍정적으로 바꾸는 데 매우 효과적이다.

비생산적 반응에서 더 유익한 반응으로 바꾸고 싶다면 먼저 그런 생각이 떠오른다는 사실을 알아차려야 한다. 그 순간 "멈춰, 멈춰!"라고 말하고, 문제 해결에 도움이 되는 방향으로 생각을 전환하자. 원하는 결과를 얻고 싶다면 지금의 비생산적인 생각을 그 방향에 맞는 건설적인 생각으로 바꾸는 것부터 시작해야 한다.

부정적인 사건을 어떻게 해석하느냐에 따라 당신의 향후 행동이 달라지고, 정신과 신체 건강에도 깊은 영향을 미치며, 결국 당신이 낙관주의자가 될지 비관주의자가 될지를 결정한다.

스트레스를 유발하는 습관적인 생각의 유형을 알아차리고, 그런 사고 패턴을 의식적으로 끊어내는 연습을 해보자.

특히 주의해서 살펴야 할 사고 패턴 세 가지는 다음과 같다.

- 끝이 없다고 여기는가 vs. 일시적인 일로 보이는가
- 모든 상황에 일반화하는가 vs. 특정한 상황에 한정하는가
- 모두 자기 탓으로 돌리는가 vs. 다른 원인도 고려하는가

당신에게 일어난 부정적인 일을 끝없이 곱씹고, 만사가 잘못된 것처럼 과장하며, 죄다 자기 탓으로 돌릴수록 다음에 또 힘든

마음챙김의 뇌과학

일이 닥쳤을 때 우울감에 더 쉽게 빠진다. 이런 사고방식은 앞으로 다가올 일들까지도 부정적으로 바라보게 한다.

예를 들어, 내가 온전히 사랑받을 자격이 없어서 배우자가 나를 떠났다고 생각하면 앞으로도 나는 스스로를 사랑받을 수 없는 사람이라고 여기게 된다. 따라서 새로운 인연이 나를 존중하고 사랑하려 할 때조차 자기 인식과 맞지 않는다는 이유로 관계를 망칠 수 있다.

또 다른 예를 들어보자. 한 영업 사원이 '나는 목표 실적을 절대로 못 채워!'라고 생각했다면 그 인식을 이렇게 바로잡을 수 있다. '잠깐만, 지난 1년 동안 내가 실적을 채운 달이 몇 번이나 있었지? 무려 일곱 달이잖아. 그 일곱 달과 실적을 못 채운 나머지 다섯 달 사이에는 어떤 차이가 있었을까?'

'나는 목표 실적을 절대로 못 채워'라는 첫 번째 인식에 머무르면 다음 달에 실적을 못 채울 가능성이 더 커진다. 하지만 그 인식에 도전하면 훨씬 더 정확한 시각으로 바라볼 수 있을 뿐 아니라 생각의 방향도 훨씬 더 생산적으로 바뀐다.

좋든 나쁘든 당신이 기대하는 바는 다양한 언어·비언어적 단서를 통해 주변에도 전달된다. 이러한 단서는 주변 사람들의 반응에 영향을 주기 때문에 결국 당신의 기대가 그대로 실현되는

3장 일상 속의 마음챙김

자기 충족적 예언으로 이어진다.

앞서 말한 영업 사원이 "나는 목표 실적을 절대로 못 채워"라는 말을 입버릇처럼 반복하면, 자신도 모르게 그 말에 어울리는 단서를 주변에 흘리게 된다. 그 단서에 영향을 받은 사람들은 결국 그 영업 사원이 실적을 채우기 어려운 방향으로 반응하게 되고, 부정적인 기대는 그대로 현실이 되고 만다.

연습 과제: 자기 대화

기분이 가라앉을 때 이 연습 양식을 활용하면 몇 분 만에 마음을 전환할 수 있다. 우선, '멈춤' 기법을 활용하라. 반사적으로 떠오르는 부정적인 생각이나 말을 알아차렸다면, 마음속으로 '멈춰'라고 외치는 것이다. 그런 뒤에 그 부정적인 생각을 왼쪽 칸에 적는다. 잠시 숨을 고르고 나서 그 말을 더 생산적인 방향의 문장으로 바꿔 오른쪽 칸에 적는다. 마지막으로, 바꾼 문장을 소리 내어 자신에게 말해본다.

마음챙김의 뇌과학

자동적 생각	생산적 생각

갈등을 바라보는 세 가지 렌즈

앞서 살펴보았듯이, 자기 대화를 바꿀 때는 자신을 탓하지 않는 것이 중요하다. 그런데 갈등 상황에 놓이면 자책을 하기도 하지만 자신을 피해자로 설정하고, 문제의 원인을 타인이나 외부 환경에 돌리는 경우도 많다.

이런 사고방식은 어떻게 바꿀 수 있을까? 가장 효과적인 방법은 피해자의 시각에서 벗어나 다른 세 가지 렌즈를 통해 상황을 새롭게 바라보는 것이다.

3장. 일상 속의 마음챙김

1. 반대 렌즈: "이 갈등 상황에서 상대방은 뭐라고 말할까? 어떤 점에서 그 말이 사실일 수 있을까?"라고 자문해본다.

2. 장기 렌즈: "이 상황을 6개월 후에는 어떻게 바라보게 될까?"라고 자문해본다.

3. 넓은 렌즈: "결과와 상관없이 어떻게 하면 이 일을 통해 배우고 성장할 수 있을까?"라고 자문해본다.

이 세 가지 렌즈는 의도적으로 긍정적인 감정을 더 키우는 데 도움이 된다.

예를 들어, 니젤라는 자사 제품이 여러 차례 리콜되었을 당시, 기자들과 소통하는 역할을 맡고 있었다. 시간이 지날수록 그녀는 그 일에 점점 지치고 의욕도 떨어졌다. 하지만 세 가지 렌즈로 바라보는 연습을 실천한 뒤에는 자신의 역할을 좀 더 긍정적으로 받아들이게 되었다. 기자들과 더 좋은 관계를 맺고, 솔직한 태도로 대함으로써 조직의 신뢰도까지 높일 수 있었다.

유머의 힘

유머 감각은 인식을 바꾸는 데 매우 중요한 역할을 할뿐더러 스트레스를 줄이는 데도 대단히 효과적이다. 유머는 부정적인 사건과 그에 대한 반응 사이에 심리적 여유 공간을 조성한다. 유머 감각이 뛰어난 사람은 가정이나 직장에서 대체로 더 생산적이고 협력적이며 갈등도 적은 편이다.

웃음은 또 근육 이완과 비슷한 치유 효과를 발휘한다. 우리 몸이 만들어내는 천연 진통제인 엔도르핀의 분비를 촉진하는데, 이 물질은 몸과 마음의 긴장을 완화하는 데 효과가 있다.

문제 해결

스트레스는 대개 삶의 구체적인 문제들과 맞물려 있다. 우선 한두 가지 문제부터 해결해보자. 그리고 나머지 삶은 여전히 지금처럼 스트레스를 동반할 수 있다는 사실을 받아들이자.

가장 좋은 결과를 얻으려면 이성적 문제 해결(뇌의 의식적 인지 과정을 활용하는 방식)과 직관적 문제 해결(무의식적 인지 과정에 의존하는 방식)을 적절히 조합해야 한다. 중요한 결정을 내릴 때 '직감'이나 '느낌'에 의존한다고 말하는 경영진이 적지 않지만, 현대사회는 여전히 이성적 접근만 지나치게 중시하고 직관적 판단은 간과하는 경향이 있다.

연습 과제: 마음챙김 문제 해결법

다음 다섯 단계는 문제 해결의 가능성을 크게 높여줄 것이다.

1. 180쪽의 문제 해결 연습 양식을 활용하라.

2. 문제 해결 목표를 달성하기 위한 마감일을 정하라. 단, 이 마감일은 유연하게 조정 가능해야 한다.

3. 당신의 목표를 다른 사람에게 알려라. 단, 당신을 지지해줄 수 있는 사람인지 먼저 확인해야 한다.

4. 원하는 결과를 마음속에 생생하게 그려보라. 단계별로 제시간에 목표를 차근차근 이뤄내는 모습을 상상하고, 그 순간 느낄 긍정적 감정도 함께 떠올려보라. 이 장면은 하루에 서너 번, 1분에서 2분 정도 시각화하는 것이 좋다. 하루 중 아무 때나 해도 좋지만, 이왕이면 잠들기 전이나 아침에 눈 떴을 때, 또는 이완 운동을 마친 직후가 가장 효과적이다.

5. 목표를 향해 나아가게 할 명확하고 간결한 '확언'을 만들어라. 확언은 항상 긍정적으로, 그리고 현재 시제로 표현되어야 한다. 예를 들어 "나는 차분하고 평온하다"와 같은 식이다. 반면 "나는 더 이상 방어적이지 않다"처럼 부정적으로 표

현된 확언은 피해야 한다. 목표마다 두세 개의 확언을 만들고, 매일 열 번 이상 반복해 말하라.

스트레스를 받을 것이 뻔한 상황이라면 먼저 예상하고 대비해야 한다. 상상과 확언을 활용해 그 상황을 미리 그려보고, 원하는 결과에 도달하는 과정을 연습해본다. 이러한 연습은 3주 이상 꾸준히 이어갈 때 가장 좋은 효과를 낸다.

예를 들어, 이사회가 곧 현장 방문을 올 예정이다. 그들이 올 때면 당신은 보통 긴장하고 말문이 막힌다. 게다가 당신의 의견도 번번이 무시당하는 것 같다.

그들 앞에서 자연스럽고 편안하게 행동하는 자신을 **상상하라.** 긴장할 때마다 짓던 어색한 웃음도 사라진 상태다. 당신은 조리 있게 말하고, 사람들은 당신의 말을 진지하게 받아들인다.

그리고 다음과 같은 **확언**을 활용하라. "나는 이사진 앞에서도 평소처럼 침착하다." "그들은 내 말에 집중하고, 그 내용에 감탄한다."

상상과 확언은 스트레스를 겪은 뒤 무너진 자신감을 회복하는 데도 유용하다. 예를 들어, 분노한 고객을 제대로 응대하지 못해

3장 일상 속의 마음챙김

상황이 나빠졌다고 해보자. 사람들은 대부분 이런 경험을 끊임없이 곱씹으며 자신을 탓한다. 하지만 그럴수록 비슷한 상황에서 또다시 실수할 가능성만 커질 뿐이다.

그러므로 이번에는 고객을 효과적으로 응대하는 모습을 **상상해보자.** 고객의 감정을 경청으로 달래고, 분노에서 문제 해결로 자연스럽게 전환하는 장면을 머릿속에 그려보라. 그리고 다음과 같은 **확언**을 반복하라. "나는 경청을 통해 화난 고객을 효과적으로 진정시킨다." "나는 누군가가 화를 내도 침착함을 유지한다."

연습 과제: 문제 해결 연습 양식 활용하기

서로 대조되는 두 가지 질문을 활용해 스트레스를 분석하고 완화하라.

1. 지금 느끼는 스트레스에 분명한 이유가 있는지 자문하라. 겉으로 드러난 증상에만 머물지 말고 그 안에 담긴 문제의 본질을 들여다보라. 이렇게 질문해보자. "이게 왜 문제인 걸까?" "이건 누구의 문제인가?" "이 문제를 해결하려면 다음에 어떤

마음챙김의 뇌과학

일이 일어나야 할까?"

2. 당신의 목표가 무엇인지 분명히 정하라. 즉, 그 문제와 관련해 당신이 원하거나 필요한 것이 무엇인지 결정하라는 뜻이다. 그리고 그에 대한 선택지를 아래 표에 정리하라.

내가 더 원하거나 필요한 것	내가 덜 원하거나 필요한 것

3. 표를 작성했다면, 이제 그 목표를 향해 나아갈 수 있도록 다음 표를 활용해 실행 계획을 세워보라.

내가 더 원하거나 필요한 것	내가 덜 원하거나 필요한 것

4. 계획을 평가하고 조정하라.

3장 일상 속의 마음챙김

삶에서 긴장은 늘 존재하기 마련이다. 하지만 신체적으로나 정신적으로 감정 에너지를 재충전하면 그런 긴장에 휘둘리지 않고도 자신의 역량을 지켜낼 회복탄력성을 얻을 수 있다.

마음챙김의 뇌과학

에너지 관리: 정신 에너지

바쁜 일상을 버티기 위해서는 멀티태스킹이 필수 능력이라고 생각하는 사람이 많다. 하지만 멀티태스킹은 오히려 생산성을 떨어뜨린다.

게다가 기술 발전이 불러온 온갖 방해 요소는 우리의 집중력을 더욱 무너뜨린다. 직접 간단한 실험을 해보자. 하루 중 한 시간만 정해서 그동안 몇 번이나 방해받는지 세어보라. 그런 방해로 집중력이 얼마나 쉽게 흐트러지는지 느껴보라. 분명 놀라운 통찰을 얻게 될 것이다.

산만함은 분명한 대가가 따른다. 일하다가 잠깐 이메일을 확인하거나 전화를 받는 식으로 주의를 다른 데로 돌리기만 해도, 원래 하던 일을 마치는 데 걸리는 시간이 최대 25퍼센트까지 늘어날 수 있다. 이를 **전환 시간**이라고 부른다. 가장 효율적인 방법은 **90분에서 120분** 정도 한 가지 일에 **온전히 집중**한 뒤, **진정한 휴식**을 취하고 다시 다음 활동에 몰입하는 것이다. 이런 집중 작업 주기를 **초주기 스프린트**라고 한다. 이렇게 깊이 몰입하는 사고 자체도 마음챙김의 강력한 실천이다.

산만함을 줄이기 위해 의식적인 루틴을 만드는 것도 좋은 방법이다. 미국의 한 은행에서 일하는 던은 하루 종일 더 잘 집중할 수 있도록 두 가지 루틴을 고안했다. 첫 번째는 집중이 필요한 작업을 할 때마다 책상에서 벗어나 회의실로 자리를 옮기는 것이었다. 전화나 이메일에서 벗어난 그 공간에서 던은 집중력을 유지할 수 있었고, 보고서 작성 시간을 3분의 1로 줄이는 결과를 얻었다.

던의 두 번째 루틴은 팀원들과 하는 회의를 중심으로 구성되었다. 예전에는 회의 중에도 전화벨이 울리면 곧바로 받고는 했다. 그 결과, 한 시간으로 예정된 회의가 두 시간으로 늘어지기 일쑤였고, 누구에게도 온전히 집중하지 못했다.

하지만 이제는 전화를 음성 사서함으로 넘기고, 눈앞에 있는

마음챙김의 뇌과학

사람에게 온전히 집중한다. 쌓인 메시지는 회의가 끝난 여유 시간에 확인하고 답한다.

당신만의 루틴 만들기

사무직 근로자는 대부분 이메일 알림음이 울릴 때마다 확인하고 답장을 보낸다. 많은 이가 하루 종일 스마트폰을 손에서 놓지 않는다. 이제는 **하루에 딱 두 번만 기기를 확인하는** 루틴을 만들어야 한다. 가령 오전 10시 30분과 오후 2시 30분에만 이메일과 메시지를 확인하는 것이다.

예전에는 쏟아지는 메시지를 따라잡기 바빴지만, 정해진 시간에만 집중해서 확인하면 스마트폰이나 이메일의 메시지를 빠르게 정리할 수 있다. 한 번에 45분씩 메시지에만 온전히 집중한 결과로 얻는 보상이다. 이런 방식은 우리가 소통하는 사람들의 기대치도 자연스럽게 바꿔준다. 동료들에게 "급한 일이 생기면 전화하세요. 전화는 꼭 받을게요"라고 미리 알려두자. 정작 그렇게 급한 일은 거의 없다는 사실에 놀랄 것이다.

또 다른 루틴은 장기적으로 영향력이 큰 일에 집중하는 것이

3장 일상 속의 마음챙김

다. 이런 일은 일부러 시간을 내지 않으면 대개 마감 직전에 허둥지둥 처리하거나 아예 시작도 못 한 채 미루기 쉽다.

가장 효과적인 집중 루틴 중 하나는 **자기 전에 다음 날 해야 할 가장 중요한 과제를 정해두고 아침에 바로 그 일을 처리하는 것이다.** 눈뜨자마자 메시지를 확인하는 대신, 하루의 첫 한 시간을 가장 어렵고 중요한 일에 집중해보자. 오전 10시가 되기도 전에 이미 하루를 생산적으로 시작했다는 뿌듯함을 맛볼 수 있을 것이다.

집중 사고란 마음을 지금 하는 일에 의식적으로 붙들어두는 것이다. 생각이 딴 데로 새면 다시 단호하게 제자리로 돌려야 한다. 한 치의 틈도 주면 안 된다. 처음에는 쉽지 않겠지만 반복할수록 뇌는 이 집중 리듬에 익숙해질 것이다.

단순한 변화 몇 가지만으로 생산성이 최대 25퍼센트나 높아질 수 있다! 그렇다면 도전해보지 않을 이유가 있을까?

마음챙김의 뇌과학

에너지 관리: 마음챙김 에너지

날마다 하는 업무와 일상적 활동이 삶의 본질적 가치와 의미, 목적에 부합할 때, 우리는 내면 깊은 곳에서 진정한 에너지를 끌어낼 수 있다. 그 일이 진정으로 중요하다면 자연스럽게 긍정적인 에너지가 생기고 집중력과 끈기도 높아진다.

안타깝게도 현대사회는 개인에게 요구하는 바도 많고 그 속도도 빨라서 본질적인 문제에 주의를 기울일 틈을 주지 않는다. 따라서 많은 사람이 의미와 목적을 에너지의 원천으로 인식하지도 못한 채 살아간다.

다른 에너지 영역에서 소개한 여러 루틴을 직접 경험해본다면 비로소 깨닫게 될 것이다. 자신의 더 깊은 욕구에 주의를 기울이는 것이야말로 일과 삶의 효율성과 만족도에 극적인 영향을 미친다는 사실을.

때로는 자신에게 정말로 중요한 것이 무엇인지 자문해보는 것만으로도 큰 깨달음과 새로운 에너지를 얻을 수 있다. 조금 더 내면을 들여다보고, 내 삶이 어떤 흔적을 남기길 바라는지 진지하게 생각해보자. 지친 팀원들을 닦달하며 밤낮없이 일만 하던 괴짜 관리자로 기억되고 싶지는 않을 것이다. 아이들 발표회에 매번 늦게 도착해 뒷줄에 앉아서 공연보다 스마트폰을 더 들여다보던 부모로 남고 싶지도 않을 것이다.

마음챙김의 에너지에 다가서려면 삶의 우선순위를 분명히 정하고, 다음 세 가지를 꾸준히 실천해야 한다.

1. '가장 잘하고 가장 즐기는 일'을 한다.
2. 일, 가족, 건강, 타인에 대한 봉사 등 당신이 '가장 중요하다고 느끼는 영역'에 시간과 에너지를 의식적으로 배분한다.
3. '일상의 행동' 속에서 '핵심 가치'를 실천한다.

I. 가장 잘하는 일과 가장 즐기는 일

이 둘이 꼭 일치하지는 않는다는 사실을 알아야 한다. 당신은 어떤 일을 아주 잘하고 긍정적인 평가를 많이 받지만, 진정으로 즐기지 않을 수 있다. 반대로 어떤 일을 무척 좋아하지만, 타고난 재능이 없어서 오히려 과도한 에너지를 소모할 수도 있다.

예를 들어, 차장급 관리자인 줄리아는 자신이 가장 꺼리는 업무가 영업 보고서를 읽고 요약하는 일이라는 사실을 깨달았다. 반면, 가장 좋아하는 업무는 새로운 전략을 구상하며 아이디어를 나누는 브레인스토밍이었다. 줄리아는 숫자 다루는 일을 즐기는 팀원을 찾아 보고서 작업을 맡기고, 매일 간단한 구두 요약만 전달받기로 했다. 그 대신, 팀에서 가장 창의적인 인재들과 격주로 90분간 자유롭게 전략을 논의하는 자리를 마련했다.

그렇다면 당신의 강점 영역은 무엇인가? 최근 몇 달 사이, 일이 순조롭게 흘러가고 몰입과 성취감, 영감과 만족을 동시에 느꼈던 순간이 있었는가? 그런 '몰입의 순간'이나 '최적의 지점', 다시 말해 당신만의 스위트 스폿sweet spot(공을 칠 때 적은 힘으로도 원하는 방향으로 멀리 날아가게 하는 최적의 타격 지점. 효율성이 극대화되는 최고의 시기나 최적화된 조건을 가리키는 말로 폭넓게 쓰인

3장 일상 속의 마음챙김

다—편집자)을 경험했던 때를 두 가지 떠올려보라.

이제 그 경험을 하나하나 되짚어보며 무엇이 그렇게 긍정적이었는지, 또 어떤 특별한 재능을 발휘했는지 명확히 파악해보자. 당신에게 활기를 불어넣은 것은 프로젝트를 주도하는 역할인가? 아니면 창의적인 활동에 참여하는 과정인가? 혹은 쉽고 즐겁게 쓸 수 있는 자신만의 능력을 발휘할 때인가?

마지막으로 할 일은 바로 그런 활동을 더 자주 하도록 도와주는 루틴을 만드는 것이다.

2. 삶에서 가장 중요한 영역

우리가 가장 잘하는 일과 가장 즐기는 일이 항상 일치하지는 않듯, **우리가 중요하다고 말하는 것과 실제로 중요한 것**은 다를 때가 많다. 이 간극을 좁히는 데도 루틴이 유용하게 작용한다.

엘리스는 삶의 우선순위에 대해 깊이 생각한 끝에 가족과 보내는 시간이 가장 소중하다는 사실을 깨달았다. 하지만 현실에서는 다른 일에 밀려 그 시간이 점점 줄어들었다. 그래서 그녀는 매일 저녁 집에 돌아온 뒤 최소 세 시간은 모든 연결을 끊고 가

마음챙김의 뇌과학

족에게 온전히 집중하는 루틴을 만들었다.

예전에는 집에 도착할 때까지 줄곧 휴대폰을 손에서 놓지 않았다. 하지만 이제는 도착 20분 전쯤이면 휴대폰을 내려놓고, 그 시간 동안 긴장을 풀고 마음을 정리한다. 그러면 집에 들어설 때는 업무에서 벗어난 상태로 가족에게 더 집중할 수 있다.

3. 일상의 행동에서 핵심 가치 실천하기

이것은 많은 사람에게 쉽지 않은 과제다. 우리는 늘 쫓기듯 바쁘게 살아가느라 자신에게 정말 중요한 것이 무엇인지, 또 어떤 사람이 되고 싶은지 생각할 겨를조차 없다. 그 결과, 외부의 기대와 요구에 휩쓸려 살아간다.

굳이 자신의 가치를 억지로 정의하려 하지 말고 이렇게 자문해보라. "나는 다른 사람에게서 어떤 면이 가장 불쾌한가?" 참을 수 없는 태도나 성향을 떠올리다 보면 자연스럽게 당신이 중요하게 여기는 가치가 드러나기 시작한다. 예를 들어, 인색한 사람에게 불쾌감을 느낀다면 관대함이 당신의 핵심 가치 중 하나일 가능성이 크다. 무례한 태도에 민감하게 반응한다면 타인을 배려하는 마음이 당신에게 중요한 가치일 것이다.

다른 영역과 마찬가지로, 루틴을 만들면 지향하는 가치와 현재 행동 사이의 간극을 메우는 데 도움이 된다. 예를 들어, 타인을 배려하는 것이 당신의 핵심 가치라고 생각하면서도 회의에 매번 늦는다면 루틴을 이렇게 정할 수 있다. 이전 업무를 일찍 마치고 회의에는 5분 일찍 도착하기로 한다.

마음챙김의 뇌과학

에너지 관리 실천 계획 세우기

앞서 살펴본 에너지 관리 영역 네 가지를 실천하면 삶의 모든 분야에서 더 큰 만족감과 행복감을 느낄 수 있다. 이러한 감정은 그 자체로 긍정적 에너지의 원천이 되고, 한 가지 영역만 실천해도 다른 에너지 영역도 지속적으로 개선할 수 있는 의욕을 북돋아준다.

다음은 개인적으로 에너지 관리 실천 계획을 세울 때 참고할 수 있도록 핵심만을 요약해 정리했다.

1. 신체 에너지

- 주 3회 이상 유산소 '운동'을 하고, 주 1회 이상 근력 운동을 하면서 스트레스를 줄인다.
- 취침 시간을 앞당기고, 자기 전에는 몸과 마음을 이완하며, 카페인과 니코틴, 알코올 섭취를 줄여서 '수면'의 질을 높인다.
- 세 시간 간격으로 소량의 식사나 가벼운 간식을 먹는 식으로 '식단'을 개선한다.
- 초조함, 하품, 허기, 집중력 저하 등 에너지가 떨어질 때 나타나는 신호를 민감하게 '알아차린다'.
- 90~120분 간격으로 책상이나 일터에서 벗어나 잠깐이라도 '휴식'을 취한다.

2. 감정 에너지

- 깊게 '호흡'을 하면서 부정적인 감정을 가라앉힌다.
- 생산적인 자기 대화를 시도하고 갈등 상황을 새로운 렌즈로 바라보면서 스트레스 상황에 대한 '인식'을 전환한다.

마음챙김의 뇌과학

- 이성적 사고와 직관적 '문제 해결' 방식을 함께 활용한다. 원하는 결과를 떠올리고 그 방향으로 나아가도록 도와주는 긍정적 확언을 반복한다.

3. 정신 에너지

- 한 가지 활동에 90~120분 정도 온전히 '집중'한 뒤, 확실하게 휴식을 취한다.
- 하루 중 특정 시간에만 '메시지'에 응답한다.
- 가장 중요하게 처리할 '과제'를 전날 밤에 미리 파악해 다음 날 아침 가장 먼저 처리한다.

4. 마음챙김 에너지

- 가장 잘하는 일과 가장 즐기는 일이 만나는 지점, 즉 자신만의 '스위트 스폿'을 찾는다.
- 삶에서 가장 중요한 영역을 최고 '우선순위'로 삼는다.

• 일상의 행동 속에서 핵심 '가치'를 실천한다.

실천 계획 세우기

이러한 루틴을 꾸준히 실천할 수 있는 환경을 조성하려면 자신만의 계획표를 만들어야 한다. 아래는 그러한 실천 계획표 양식의 한 예다. 당신에게 맞는 계획표를 직접 만들어서 일상의 한 부분으로 정착시켜보자.

날짜:

1. 신체 에너지

	현재 상태	목표	1개월 차	2개월 차
운동				
수면				
식단				
알아차림				
휴식				

2. 감정 에너지

	현재 상태	목표	1개월 차	2개월 차
호흡				
인식 전환				
문제 해결				

3. 정신 에너지

	현재 상태	목표	1개월 차	2개월 차
집중력				
메시지 관리				
도전 과제				

4. 마음챙김 에너지

	현재 상태	목표	1개월 차	2개월 차
스위트 스폿				
우선순위				
가치				

3장 일상 속의 마음챙김

자기만의 실천 루틴을 정하고, 두어 달 또는 그 이상 꾸준히 실천하며 계획표에 하나씩 체크해보자. 그렇게 실천하다 보면 어느새 습관으로 자리 잡을 것이다. 이러한 루틴이야말로 **시간이 아니라 에너지를 관리하는** 가장 중요한 열쇠다.

《 4장 》

:
:

마음챙김이
건강한 몸을 만든다

:
:

마음과 몸은 연결되어 있다

1980년대 초, 멜버른의 한 병원에서 세 친구가 함께 일하며 박사 과정을 밟았다. 그중 두 명은 의학 분야로 진로를 이어갔고, 나머지 한 명은 심리학과 인지신경과학을 전공했다. 그 한 사람이 바로 나다.

두 동료는 미국으로 건너가서 막 연구를 시작한 신경과학 연구소에서 일하게 되었다. 그곳은 『기적을 부르는 뇌』(지호 2008)의 저자이자 캐나다 정신과 의사인 노먼 도이지Norman Doidge와 협업 중이었다. 그들이 가끔 호주에 돌아올 때면 셋이 모여 맥주를 마시며 이런저런 이야기를 나누었다. 그때마다 외과 전문의였던 그들은 내게 한결같이 이런 도발을 던졌다. "스탠. 생각이 실제 물질로 바뀔 수 있다는 걸 증명하고 그 과정까지 보여줄 수 있겠어? 그러면 그땐 우리도 믿어줄게. 맥주도 우리가 사겠어."

생각만으로 뇌에 쌓이는 단백질

그들이 내게 요구했던 것은 결국 **심신 연결**, 즉 MBC의 본질과 그 연결이 마음챙김의 토대가 되는 방식에 대한 증명이었다. 그게 벌써 40여 년 전 일이다. 그러한 요구에 대한 돌파구는 사실 불과 몇 년 전에야 열렸다. 그 돌파구란 바로 **아밀로이드 단백질**의 발견이었다(1장에서 언급했던, 욕조에 끼는 물때 같은 물질 말이다). 이제 내 두 동료는 나한테 평생 맥주를 사야 한다!

아밀로이드 단백질은 말 그대로 단백질, 즉 물질이다. 중요한 것은 이 단백질이 뇌에 쌓이는 과정이었다. 과학자들은 MRI 기술을 활용해 일련의 과정을 실제로 추적할 수 있었다. 그 결과, 다음과 같은 명확한 증거를 찾아냈다. 우리가 스트레스를 유발하는 생각을 하거나 스트레스 상황에 부닥치면(뇌는 이 둘을 구분하지 못한다는 점을 기억하라) 이 해로운 단백질이 뇌에 쌓이기 시

마음챙김의 뇌과학

작한다는 사실이다. 마음과 몸이 연결되어 있다는 사실은 예전부터 알고 있었지만, 그 연결을 직접 눈으로 보고 생리학적으로 증명해낸 것은 이번이 처음이었다.

거의 40년 전, 두 동료는 내게 이렇게 물었다. "스탠, 생각이 어떻게 심장마비를 일으킬 수 있지? 생각이 어떻게 뇌동맥류를 유발할 수 있다는 거야?" 아밀로이드 단백질이 발견되면서 우리는 그 답을 얻었다. 우리가 스트레스를 받거나 불안한 상태에 있고 그런 상태를 유지시키는 생각이 계속되면 체내에 남아 있던 코르티솔이 단백질로 변하게 된다. 그리고 그 단백질은 뇌와 심장 속 혈관에 쌓이면서 결국 심장마비나 뇌동맥류로 이어진다. 마음과 몸이 연결되어 있다는 사실을 보여주는, 그야말로 결정적인 증거다.

막연한 믿음에서 과학의 영역으로

마음과 몸의 연결은 동양의학에서는 수 세기 전부터 익히 알려진 개념이다. 동양에서는 서양처럼 엄격한 과학적 증거를 중시하지 않기 때문이다. 극단적인 사례로, 깊은 명상을 수행하는 불

4장 마음챙김이 건강한 몸을 만든다

교 승려들이 생각만으로 서로 소통할 수 있다는 주장도 있다. 최근에는 한 승려가 너무 깊은 최면 상태에 빠져 사망한 줄 알고 매장했다가 석 달 뒤에 다시 확인해보니 살아 있었다는 보도가 나오기도 했다!

수년 전부터 서양에서도 일부 의사와 전문가 사이에서 명상을 통해 암세포에 집중함으로써 크기를 줄일 수 있다는 식의 이야기가 오갔다. 과학자들도 처음에는 반신반의했지만 이제는 이렇게 말한다. "완전히 믿을 수는 없지만, 병의 진행을 늦추거나 아예 시작되지 않게 할 수도 있지 않을까?" 예전에는 그 원리를 제대로 이해하지 못했지만, 아밀로이드 단백질의 발견 덕분에 메커니즘이 조금씩 밝혀지고 있다. 오늘날 실제로 영국을 중심으로 일부 의사는 마취제 대신 최면과 명상을 활용하기도 한다.

내 책상 위로 쏟아지는 수많은 자료 중에는 '정말? 이건 너무 터무니없는데'라는 생각이 드는 것도 많다. 하지만 한때 그렇게 생각했던 것들 가운데 상당수가 지금은 과학적 사실로 받아들여지고 있다.

플라세보 효과

플라세보 효과란 치료의 이점이 치료 자체가 아니라 그 치료에 대한 믿음에서 나오는 현상을 말한다. 실제로 플라세보가 항우울제보다 우울증 치료에 더 뛰어난 효과를 보였다는 연구도 다수 존재한다.

　약이 중요하지 않다는 말은 아니다. 다만 일부 의사가 전통적인 치료 모델에만 의존하는 경우, 약을 '넘어서는' 믿음과 긍정의 힘을 이해하지 못하고 있을 수도 있다는 뜻이다. 마음과 몸의 연결은 아직 충분히 밝혀지지 않았다.

당신의 몸

MBC(마음과 몸의 연결)를 이해하고 받아들이는 데 가장 큰 걸림돌은 '생각'이 어떻게 실제로 몸의 변화를 일으킬 수 있는지 직관적으로 느끼기 어렵다는 점이다. 그 이유는 아마도 우리가 자기 몸에 대해 잘 모르기 때문이다.

　당신의 몸은 지구상에서 가장 놀라운 창조물 가운데 하나다.

4장 마음챙김이 건강한 몸을 만든다

그중에서도 뇌는 그 자체만으로 너무나 복잡해서 과학자들조차 아직은 그 기능을 구현할 수 있는 컴퓨터를 상상해내지 못하고 있다.

인체가 워낙 복잡하다 보니 이를 연구하는 의사, 생물학자, 면역학자 같은 전문가들은 몸속의 다양한 기관과 시스템을 설명하기 위해 수많은 전문 용어와 명칭을 만들어냈다. 하지만 이처럼 복잡한 용어들이 오히려 우리 몸을 더 깊이 이해하는 데 걸림돌이 되고는 한다.

MBC의 기술적 측면과 실용적 측면을 조금만 이해해도 이런 걸림돌을 뛰어넘어 우리 삶에 MBC 원리를 직접 적용해볼 자신감이 생긴다. MBC는 좀 더 발전된 형태의 마음챙김이라 할 수 있다.

사실 MBC는 마음챙김의 토대다. 이 토대를 제대로 이해하고 유지해야 전체 시스템의 균형이 무너지지 않는다. 이 책에서 소개하는 마음챙김 기법들은 신체·정신적 기능의 균형, 즉 항상성을 회복하고 개선하는 데 도움을 준다.

마음챙김의 뇌과학

MBC의 세 가지 구성 요소

M은 **마음**mind, 즉 감정, 생각, 신념, 태도, 대처 방식 등과 같은 정신·감정적 요인을 포함한다.

B는 **몸**body, 즉 뇌와 신경계, 내분비계를 포함한다. 신경계는 자율신경계, 교감신경계, 부교감신경계로 나뉘고, 내분비계는 각종 호르몬을 생산·조절하는 분비샘으로 이루어진 시스템이다.

C는 **연결**connection, 즉 면역계를 의미한다. 면역계는 몸속의 세포와 화학물질로 이루어진 시스템이다. 박테리아, 바이러스, 암세포, 기생충 등 질병을 유발할 수 있는 생물이나 비생물 입자를 감지하고 처리하는 역할을 한다.

이 세 가지 구성 요소에 대해서는 5장에서 더 자세히 살펴볼 것이다.

4장 마음챙김이 건강한 몸을 만든다

심신 연결(MBC)에 관한 연구

MBC 연구는 의학과 보건 심리학을 잇는 분야다. 심리 상태와 면역계 사이의 관계를 탐구하며, 개인의 대처 방식, 감정과 태도, 삶의 사건들이 신경계와 호르몬, 면역계, 나아가 전반적인 건강에 어떤 영향을 미치는지를 다룬다.

하지만 다른 심리학 분야와 달리, MBC는 몸의 측정 가능한 변화에만 관심이 있다. MBC의 성공 여부는 '감정적' 수치가 아니라 '신체적' 수치로 판단된다.

다음은 MBC 연구가 다뤄온 주요 주제들 가운데 일부다.

마음챙김의 뇌과학

- 스트레스는 호르몬과 세포 등 전반적인 건강 측면에서 우리 몸에 실제로 어떤 영향을 미치는가?
- 암, 심장마비 등 질병에 걸리는 사람은 그렇지 않은 사람과 태도나 대처 방식에서 차이가 있는가? 있다면, 그들의 태도나 대처 방식이 발병에 어떤 영향을 미쳤는가?
- 중증 질환에서 회복하거나 더 오래 생존하는 사람들은 다른 사람들과 구별되는 특별한 대처 방식이 있는가? 있다면, 그런 대처 방식은 질병에 맞서 싸우는 신체 능력에 어떤 영향을 미치는가?
- 마음챙김처럼 감정을 해소하는 특정한 심리 기법들이 실제로 면역 체계에 변화를 일으킬 수 있는가? 이런 기법들이 암이나 HIV/AIDS 같은 질병의 예방과 치료에도 활용될 수 있는가?
- 이사, 실직, 이혼, 가족의 사망 같은 삶의 중대한 사건이 건강에 영향을 미치는가? 그렇다면 어떤 방식으로 영향을 미치는가?
- 같은 질병을 앓고 같은 치료를 받으며 비슷한 식단과 운동을 병행해도, 어떤 사람은 회복하고 어떤 사람은 그렇지 못한 이유는 무엇인가?

엄밀히 말하면, MBC는 연구 중심에서 출발한 개념이다. 이 연구 결과를 사람들의 건강 증진과 질병 예방에 실제로 적용하

4장 마음챙김이 건강한 몸을 만든다

게 되면 우리는 이를 **응용 MBC**라고 부른다. 지금까지 이 책에서 배운 마음챙김 기법들도 응용 MBC의 일부이며, 6장에서 다룰 구체적 전략들도 여기에 포함된다.

지금까지 MBC는 꽤 흥미롭고 실용적인 결과를 내놓았다. 현재 이 분야의 연구는 폭발적으로 늘어나고 있고, 과학자들은 스트레스 호르몬과 그에 따라 생성되는 단백질이 다양한 의학적 질환에 어떤 영향을 미치는지 집중적으로 파헤치고 있다. 하지만 코르티솔이 특히 채내에 오랜 시간 머물 수 있다는 점 때문에 인체에 미치는 영향의 범위가 어느 정도인지는 아직 명확히 밝혀지지 않았다. 어떤 생각이 신체에 변화를 '일으킬' 수 있다면, 또 다른 생각은 그 변화를 '되돌릴' 수도 있다. 이것이 바로 MBC의 기본 원리다.

면역계 질환

면역학은 MBC 연구의 핵심 영역으로 떠오르고 있다. 만성 스트레스가 우리 몸에 얼마나 깊숙이 침투하는지는 아직 완전히 밝혀지지 않았지만, 면역 기능 전반에 매우 부정적인 영향을 미친

마음챙김의 뇌과학

다는 사실만큼은 이제 자신 있게 말할 수 있다. 긴장을 풀고 몸의 시스템을 안정시키면 면역 기능이 향상된다는 연구 결과도 많이 축적되었다(이에 대해서는 5장에서 더 자세히 살펴보겠다).

스트레스에 시달릴 때 감기에 잘 걸리는 이유는 무엇일까? 방어 시스템 전체가 스트레스와 싸우는 데 집중되다 보니, 감기 같은 다른 질병에는 쉽게 노출되기 때문이다. 겉으로 드러나는 코르티솔의 영향만 봐도 이 정도인데, 세포 구조 안에서는 얼마나 더 많은 일을 벌이고 있을지 상상해보라.

지금까지 응용 MBC로 가장 좋은 효과를 본 두 가지 유형의 면역 관련 질환이 있다. 이 질환들은 바이러스든 박테리아든 그 원인은 다르지만 모두 면역계의 불균형에서 비롯된다. 즉, 면역 체계가 과도하게 활성화해 자기 몸을 공격하거나, 반대로 너무 약해서 제 역할을 하지 못하는 경우다.

1. 자가면역질환

류마티스관절염, 전신홍반루푸스, 다발경화증 같은 자가면역질환은 면역계가 실수로 몸의 '정상' 조직을 공격할 때 발생한다. 류마티스관절염과 전신홍반루푸스는 면역계가 관절 조직을 파괴해 발생하는 질병이다. 다발경화증은 면역계가 신경을 감싸

4장 마음챙김이 건강한 몸을 만든다

며 '절연체' 역할을 하는 수초를 공격해 신경 신호 전달에 오류가 생기고, 그 결과 팔다리에 이상이 나타나는 질병이다. 이 범주에 속하지만 덜 알려진 질환으로는 진행전신경화증, 거대세포동맥염, 류마티스다발근육통, 다발근육염, 결절다발동맥염 등이 있다. 이러한 질환들은 면역계가 과도하게 활성화된 결과로 보기도 한다.

2. 면역억제성 질환

여기에는 암, HIV/AIDS, 만성피로증후군 등이 포함된다. 이 모든 질환의 공통점은 면역계가 제 역할을 하지 못한다는 것이다. 무슨 이유에서인지 면역계가 무기력하고 둔하게 반응한다.

예를 들어, **암**은 누구에게나 생길 수 있다. 암세포는 제때 죽지 않고 계속해서 증식하는 세포로, 점차 쌓이면서 혈액과 에너지를 소모해 주변 조직을 굶주리게 하고 인접한 장기에 압력을 가하기도 한다. 백혈구는 원래 이런 암세포를 식별해 제거하는 역할을 한다. 하지만 면역계가 억제된 상태에서는 이 과정이 제대로 이루어지지 않아 결국 종양이 생긴다.

HIV/AIDS의 경우, HIV 바이러스가 몸에 이상이 생겼다는 화학 신호를 보내는 면역세포를 공격해 점령한다. 자연살생세포

(일명 NK세포)처럼 화학 신호 없이도 바이러스를 제거하는 세포도 있지만, 대부분 제대로 작동하지 않는다. 면역계가 제 역할을 하지 못하기 때문에 HIV 감염자 중 95퍼센트는 박테리아와 바이러스가 별 저항 없이 몸속을 휘젓고 다니게 된다(반면 나머지 5퍼센트는 AIDS로 진행되지 않고, 면역계도 강하게 유지된다. 이들을 '장기 비진행자'라고 부른다).

만성피로증후군을 앓는 사람들은 면역계가 무너져버리는데, 아직 명확한 원인이 밝혀지지는 않았다. 이런 붕괴는 대개 갑작스럽게 일어나며, 한 번 약해진 면역계는 몇 달, 심지어 몇 년 동안 회복되지 않는다. 한 가지 가설은 이전에 앓았던 바이러스 감염, 특히 엡스타인-바 바이러스 감염에서 면역계가 제대로 회복되지 못했기 때문이라는 것이다. 또 다른 가설은 우울증이 원인이라고 주장한다. 이 질환은 아직 완전히 밝혀지지 않았고, 어떤 이들은 이를 명확한 질병으로 인정하지 않기도 한다. 여성이 남성보다 훨씬 더 큰 영향을 받는 것으로 보이며, 보통 20~30세 연령대에서 더 흔하게 나타난다. 만성피로증후군을 앓는 사람 중에는 쉴 틈 없이 바쁘게 달리던 삶을 살다가 어떤 실패를 계기로 완전히 무너져 내린 경우가 많다. 너무 오랫동안 아드레날린을 과도하게 소모한 결과다.

4장 마음챙김이 건강한 몸을 만든다

제2형 당뇨병

MBC 연구에서 집중하는 또 하나의 질병은 제2형 당뇨병이다. 이 병은 주로 생활 습관과 관련이 깊다. 1장에서 언급했듯이, 언론에서 뭐라고 떠들든 우리 삶은 전체적으로 더 건강한 방향으로 바뀌어왔다. 식습관도 나아졌고 운동도 더 열심히 하며 생활 습관도 전반적으로 개선되었다. 그런데도 제2형 당뇨병을 앓는 사람은 오히려 늘었고, 그 문턱에 선 사람도 많아졌다. 이유는 단 하나, 스트레스를 제대로 관리하지 못하기 때문이다.

연구는 계속된다

마음이 영향을 미치는 건강 문제를 우리가 전부 밝혀낸 것은 아니다. 또 모든 것을 마음 탓으로 돌리고 싶지도 않다. 하지만 마음이 여러 의학적 질환에 영향을 미친다는 사실만큼은 분명히 말할 수 있다. 얼마나 많은 질환이 여기에 해당하는지는 결국 시간이 지나야 알 수 있을 것이다.

마음챙김의 뇌과학

MBC에 관한 몇 가지 주의 사항

마음이 질병에 미치는 영향

앞서 설명했듯, 생각이 어떻게 심장마비로 이어질 수 있는지는 아밀로이드 단백질의 발견으로 설명할 수 있게 되었다. 하지만 그렇다고 해서 심리적 요인이 HIV 감염이나 암 같은 질병 자체를 '유발한다'고 말하는 것은 무리가 있다. 우리가 무엇을 생각하고 느끼든, 세균과 암세포는 그와 무관하게 존재한다.

MBC 연구는 심리적 요인이 질병을 '유발한다'고 말하지 않는다. 다만 특정 심리적(혹은 사회적) 요인이 어떤 질병의 '발생'과

'회복 과정'에 영향을 미칠 수 있다고 말할 뿐이다.

심리적(혹은 사회적) 요인이 질병에 영향을 '미칠 수 있는' 방식은 여러 가지가 있다.

1. 심리 상태는 특정 병원균에 노출될 위험을 감수할지 말지에 영향을 미친다. HIV 감염도 그런 심리적 결정이 영향을 미치는 한 예가 될 수 있다.
2. 전반적인 삶의 대처 방식도 면역계에 영향을 미친다. 병원균에 처음 노출되었을 때, 몸이 얼마나 잘 싸울 수 있을지는 그에 따라 달라진다.
3. 일단 병원균이나 암세포가 몸에 영향을 미치기 시작하면, 그에 대한 신체의 대응 역시 심리적 요인에 따라 달라진다.
4. 특정 질병을 일으킬 수 있는 유전적 소인이 있더라도, 삶에 어떻게 대처하느냐에 따라 그 영향력은 약해질 수도 있고, 강해질 수도 있다.

모든 질병이 심리적 원인이나 요소에서 비롯되지는 않는다. 어떤 때는 그저 나쁜 음식을 먹었거나, 오염된 공기를 마셨거나, 혹은 물리적 환경에 문제가 있었을 수도 있다.

마음챙김의 뇌과학

MBC가 할 수 있는 것

응용 MBC는 지금껏 단독 치료법으로 여겨진 적도 없고, 앞으로도 그렇게 여겨져서는 안 된다. 항상 적절한 의학적 치료와 영양 관리, 운동 그리고 해당 질환에 필요한 다른 처치들이 함께 수행되어야 한다.

MBC와 의학적 치료

마음챙김을 비롯한 MBC 기법들은 결코 기존의 의학적 치료를 대체하지 못한다. MBC는 대안이 아니라 보완적 접근이다. 기존 치료와 병행할 때 비로소 그 효과를 발휘한다.

수백 년에 걸쳐 발전해온 의학 지식을 버리자는 사람은 아무도 없다. MBC를 실천하면서도, 건강 상태는 반드시 의학적으로 점검하고 치료받아야 한다. 혈액 검사를 받지 않으면 병원균과 싸우는 T세포 수치가 늘고 있는지 어떻게 알겠는가?

심리적으로 중요한 고민이 있다면 전문 치료사와 상담하는 것도 좋은 방법이다. 이 책에서 다루는 주제와 기법을 함께 살펴보며 구체적인 조언을 받아볼 수 있을 것이다.

그러니 분명히 짚고 넘어가자. 적절한 의학적 지침을 따르는

4장 마음챙김이 건강한 몸을 만든다

것은 대단히 중요하다. MBC의 역할은 의학적 치료 효과를 '개선하는' 것이다. 최소한, MBC는 면역 체계를 강화함으로써 회복을 돕는 역할을 할 수 있다. 병에 걸린 데다 그에 따른 결과까지 걱정하고 있다면, 당신의 몸은 이미 스트레스를 받고 있고 면역 체계 역시 약해진 상태일 것이다. 하지만 몸과 마음을 진정시킬 수 있다면, 몸속 코르티솔을 해로운 독이 아니라 원래 의도된 치유 호르몬으로 바꿀 수 있다. 잠깐의 마음챙김만으로도 코르티솔 수치를 낮추고 면역 체계에 활력을 불어넣을 수 있다.

MBC와 대체 요법

MBC는 영적 치유가 아니다. '정신력으로 모든 걸 극복하라'는 이야기도 아니고, 과학적 근거보다 직관과 영성을 중시하는 '뉴에이지식 접근'도 아니다.

다양한 대체 요법을 실천하는 사람들이 MBC 연구에서 어느 정도 힘을 얻는 것은 이해할 수 있다. 하지만 그들은 대부분 MBC가 무엇인지, 그 연구가 어떻게 이루어지고 생물학적 경로는 어떻게 작동하는지 정확히 알지 못한다.

나는 의학이 아닌 치유 방식을 비판할 생각이 없다. 종교적 신념이나 믿음, 차크라, 오라, 영혼의 존재, 보편적 사랑에 대해 왈

마음챙김의 뇌과학

가왈부할 생각도 없다. 하지만 이러한 방식들이 MBC와 관련 있다고 말할 수 없는 이유는 분명하다. 면역 체계에 영향을 미친다는 사실이 **과학적으로 입증되고**, 그 작용의 생물학적 원리가 설명되기 전까지는 **이러한 치유 방식들을 MBC의 범주에 포함할 수 없다.**

그렇다고 해서 이러한 현상이 존재하지 않는다거나, 현실적이지 않다거나 덜 유효하다는 뜻은 아니다. 단지 그것들이 MBC는 아닐 뿐이다.

사실 우리는 어떤 것이 왜 효과가 있는지 몰라도, 효과가 있으니까 그냥 하는 경우가 많다. 매일 수백만 명이 통증 때문에 아스피린을 복용하지만, 아스피린이 정확히 어떻게 작용하는지는 대부분 잘 모른다!

뚱딴지같은 소리처럼 들릴지 모르지만, **MBC의 효과를 보기 위해 반드시 그것을 믿을 필요는 없다.** 하지만 한 가지는 분명하다. 효과를 원한다면 직접 실천해야 한다. 실천하는 방법은 6장에서 집중적으로 다룰 예정이다. 그에 앞서 MBC를 구성하는 여러 요소를 더 깊이 살펴볼 필요가 있다.

4장 마음챙김이 건강한 몸을 만든다

((5장))

마음과 몸은
어떻게 연결되는가

마음(M): 건강을 좌우하는 심리적 요인

MBC라는 퍼즐에서 마음에 해당하는 부분에는 우리의 생각, 태도, 신념뿐만 아니라 죄책감, 분노, 두려움, 우울, 불안, 기쁨, 설렘 같은 감정이 포함된다. 이에 더해, 세상사를 바라보고 해석하는 당신만의 인식 방식, 태어나서 지금까지 쌓인 기억도 빠질 수 없다(어떤 사람은 잉태한 순간과 자궁 속 기억까지 포함된다고 말하기도 한다). 아울러 각자의 태도, 대처 방식, 기술, 신념, 가치관, 도덕관 같은 요소도 모두 '마음'의 일부다.

여기까지 책을 읽었다면 마음속에서 일어나는 일이 건강에 얼마나 깊은 영향을 미치는지 실감했을 것이다. 다음과 같은 심리적 요인들은 면역 체계를 약화시킨다고 과학적으로 입증되었다.

- 사별
- 갈등이 많은 결혼 생활, 이혼, 별거
- 유산 또는 임신 실패
- 실직
- 은퇴
- 중증 환자 간병
- 위험한 환경에서 살기
- 시험 관련 스트레스
- 사회적 지원 부족
- 외로움
- 불안과 우울
- 두려움
- 낮은 자존감
- 분노를 비롯한 감정 억제
- 문제를 회피하거나 부정하며 넘기려는 태도
- 스트레스성 권력 증후군(1장과 6장 참고)
- 불면증

마음챙김의 뇌과학

그런데 심리적 요인이 면역 체계에 부정적 영향을 미칠 수 있는지 따지는 것도 중요하지만, 더 본질적인 질문은 따로 있다. '심리적인 방법으로 내 면역 체계에 긍정적 영향을 미칠 수도 있을까?' 이에 대한 답은 단호하게 '그렇다'라고 할 수 있다. 실제로 심리적 개입을 통해 면역계를 강화할 수 있다는 연구 결과가 수백 건에 달한다.

일례로, 건강한 대학생 50명을 대상으로 과거의 고통스러운 경험을 대면하는 일이 어떤 영향을 미치는지 조사했다. 학생들을 두 그룹으로 나누어 한쪽은 마트에서 어떤 채소를 고를지와 같은 피상적인 주제로 글을 쓰게 했고, 다른 한쪽은 이별, 사랑하는 사람의 죽음, 큰 사고, 중요한 시험에 떨어진 일 등 개인적으로 고통스러운 경험에 대해 글을 쓰게 했다. 모든 학생은 하루 20분씩 4일 연속 글을 썼다.

과거의 고통스러운 경험을 주제로 쓴 학생들은 즉시 면역반응이 강화되었고, 장기적으로도 학교 보건소를 찾는 횟수가 더 적었다. 3개월 후, 이들은 다른 그룹보다 전반적인 행복감도 더 높았다. 특히 주목할 점은 그동안 힘든 경험을 털어놓지 않고 감정을 억눌렀던 학생일수록 더 큰 효과를 본다는 사실이었다.

연구진은 고통스러운 경험을 억누르는 것 자체가 스트레스를

5장 마음과 몸은 어떻게 연결되는가

유발한다고 결론지었다. 그런 경험을 말하거나 글로 쓰기만 해도, 즉 속마음을 털어놓기만 해도 스트레스가 줄고 면역 체계에도 긍정적인 영향을 줄 수 있다.

　한 가지 중요한 점은 이 학생들이 어떤 의학적 치료도 받지 않고 그저 자신의 경험을 글로 표현했을 뿐이라는 사실이다. 다시 말해, 응용 MBC 기법은 마음챙김과 같이 누구나 집에서 손쉽게 실천할 수 있다.

마음챙김의 뇌과학

몸(B): 마음을 처리하는 인체의 메커니즘

MBC에 대해 배우기 시작하면 대부분 마음에 관한 부분에는 쉽게 공감한다. 하지만 몸의 영역, 즉 뇌와 신경계, 내분비계 그리고 면역 체계에 영향을 주는 각종 뇌 화학물질까지 살펴보려 하면 혼란스러워한다.

여기서부터는 우리의 생각과 느낌, 태도와 건강 사이에서 벌어지는 상호작용이 왜 그리고 어떻게 일어나는지 가능한 한 쉽게 설명하고자 한다.

각종 호르몬과 뇌, 신경 경로가 어떻게 작용하는지 꼭 이해할 필요는 없다. 물론 이런 내용을 알고 있으면 MBC를 남들에게 설명할 때는 유용할 수 있다. 하지만 그 원리를 몰라도 MBC의 효과를 얻는 데 문제가 되지는 않는다.

손가락을 들어야겠다고 생각하면 정말로 손가락이 움직인다. 그 순간, 문득 신기하다고 느껴본 적이 있는가? 생각은 어떻게 온몸을 타고 전달되어 몸을 움직이도록 지시할까?

이를 가능하게 하는 가장 분명한 메커니즘은 **뇌와 신경계**다. 이 둘은 함께 매우 정교한 '배선' 시스템을 구성한다. 뇌와 몸 사이에는 신경이라는 '선'을 타고 전기신호가 끊임없이 오간다. 뇌는 이 모든 신호를 조율하는 일종의 '중앙 제어판'이다. 예를 들어, 당신이 무의식적으로 '손가락을 들어야지'라고 생각하면 뇌는 이 지시를 즉각 전기신호로 바꿔 신경을 통해 손가락까지 내려 보낸다. 그러면 손가락은 뇌의 지시에 따라 손가락 근육을 들어 올린다.

사람들은 흔히 뇌와 신경계가 인체를 조절하는 핵심 메커니즘이라고 생각한다. 하지만 실제로는 이와 똑같이 강력한 또 하나의 조절 시스템이 존재한다. 바로 **내분비계**다. 즉, **뇌**와 **신경계** 그리고 **내분비계**가 함께 우리 몸을 통제하고 조율한다.

뇌와 신경계

뇌는 척수를 통해 몸 전체와 연결되어 있다. 척수는 척추 중앙을 따라 뻗어 있고, 여기에서 수많은 신경이 몸의 여러 부위로 뻗어 나간다. 뇌와 척수를 합쳐 **중추신경계**라고 부른다. 척수에서 나와 몸의 나머지 부분, 특히 장기와 내장 근육까지 연결되는 주요 신경계를 **자율신경계**라고 한다.

자율신경계는 두 가지 유형의 신경으로 이루어져 있다. **교감신경계**(예를 들어 심장박동을 빨라지게 하는 신경)와 **부교감신경계**(예를 들어 심장박동을 느려지게 하는 신경)이다. 두 신경계는 '투쟁-도피 반응'을 설명할 때 이미 살펴보았다.

이제부터 자율신경계, 교감신경계, 부교감신경계를 좀 더 자세히 살펴보자.

자율신경계

자율신경계는 당신이 깨어 있을 때는 물론이고, 잠들어 있을 때나 전신 마취 상태일 때도 끊임없이 작동한다. 혼수상태와 같이 뇌의 다른 기능이 모두 멈춘 상황에서도 자율신경계는 당신을 살아 있게 하는 유일한 신경계다. 이 신경계는 뼈에 붙어 있지 않은 비골격근, 즉 내장 근육을 조절한다.

- 심장
- 폐
- 신장
- 위장을 포함한 소화기관
- 분비샘

자율신경계의 기능은 대부분 의식적인 통제 없이 저절로 이루어진다. 하지만 심호흡이나 마음챙김 같은 활동을 통해 일부 기능은 스스로 조절할 수 있다.

교감신경계

1장에서 살펴보았듯이, 생존을 위협받는 상황이나 스트레스를 느끼는 순간에는 자율신경계의 한 갈래인 교감신경계가 활성화된다. 이 신경계는 몸에 갑작스러운 에너지를 공급한다. 원래는 생존을 위한 메커니즘이었지만, 현대사회에서는 위협적이거나 스트레스로 '인식되는' 상황에서도 불필요하게 활성화되는 경우가 많다.

교감신경계는 부신에 신호를 보내 아드레날린과 노르아드레날린이라는 호르몬을 분비시킨다. 두 호르몬은 특정 근육, 장기, 분비샘의 특정 세포에 작용한다. 그 결과, 근육에 공급되는 산소량을 최대화하기 위해 혈압, 호흡수, 심박수가 모두 증가한다.

부교감신경계

부교감신경계는 두 가지 주요 기능을 수행한다.

1. 위협 또는 위협으로 인식된 상황이 끝나면 부교감신경계는 교감신경계가 일으킨 변화를 뒤집어 몸을 다시 안정된 상태로 되돌린다.
2. 에너지 소모를 최소화하고, 내부 시스템이 항상 일정하게 유지되도록 조절한다. 이런 과정을 항상성이라고 부른다(이에 대해서는 2장에서 살펴보았다).

부교감신경계는 음식 소화, 노폐물 배설, 눈물 분비 같은 일상적인 신체 기능을 조절하는 데 관여하기 때문에 평소에 더 우세하게 작동한다.

이제 인체의 두 번째 주요 조절 시스템을 살펴보자.

5장 마음과 몸은 어떻게 연결되는가

내분비계

우리 몸 곳곳에는 호르몬 생성을 주된 기능으로 하는 **내분비샘**이라는 기관들이 있다. 여기서 생성된 다양한 **호르몬**은 다른 세포들의 활동을 조절하는 역할을 한다.

예를 들어, 위장 아래 있는 **췌장**은 인슐린과 글루카곤이라는 호르몬을 분비한다. 두 호르몬은 혈당 수치를 조절해 신진대사와 에너지 수준에 영향을 미친다. 또 다른 대표적 내분비샘으로는 **갑상샘**이 있다. 목에 있는 이 기관은 세포의 대사 속도에 영향을 주는 호르몬을 분비한다. 이 외에도 여성의 **난소**와 남성의 **고환**은 각각 에스트로겐과 테스토스테론 같은 성호르몬을 분비한다.

MBC의 관점에서 특히 중요한 내분비샘은 **부신**이다. 부신은 양쪽 신장 위에 하나씩 있고, 두 부분으로 구성되어 있다. **부신수질**은 아드레날린 계열의 호르몬을, **부신피질**은 코르티솔 호르몬을 분비한다. 이 책에서 이미 여러 차례 등장한 두 호르몬은 스트레스의 영향을 이해하는 데 중요한 역할을 한다.

하지만 MBC에서 가장 중요한 내분비샘은 따로 있다. 바로 **뇌하수체**다. 이 기관은 다른 모든 분비샘의 활동을 조절하는 역할

마음챙김의 뇌과학

을 한다. 뇌 속에 자리 잡은 뇌하수체는 뇌하수체줄기라 불리는 아주 가느다란 통로를 통해 **시상하부**와 연결되어 있다. 시상하부는 간혹 '감정의 중심'으로 불리기도 한다. 직접적이든 간접적이든, 감정과 생각은 모두 이 뇌 부위를 거쳐 처리된다.

뇌하수체와 시상하부의 연결은 마음에서 일어나는 일과 몸에서 벌어지는 일 사이의 연결 고리를 가장 분명하게 보여준다.

하지만 MBC를 제대로 이해하려면 우리 몸의 세 번째 시스템인 면역 체계도 함께 살펴봐야 한다. 이것이 바로 MBC의 'C'에 해당하는 부분이다.

5장 마음과 몸은 어떻게 연결되는가

연결(C): 나를 지키는 면역 체계

연결은 MBC라는 퍼즐의 마지막 조각으로, **면역 체계**를 통해 이루어진다.

우리 몸은 원래 질병에 대처하도록 설계되어 있다. 그런데 왜 어떤 경우에는 몸이 제 역할을 다하지 못하는 것일까? 문제는 세균이나 암세포 자체가 아니라 면역 체계가 이들을 제대로 처리하지 못하는 데 있다. 그래서 우리는 '면역 체계를 강화해야 한다'라고 자주 말한다.

예를 들어, 왜 우리 몸은 때때로 스스로를 공격할까? 그것이 바로 4장에서 살펴본 자가면역질환의 사례다. 또, 면역세포가 존재하는데도 왜 우리 몸은 암세포를 향해 필요한 전투 세포를 보내지 않을까? 이 역시 4장에서 다룬 면역억제성 질환의 대표적 사례다.

면역 체계는 흔히 몸이 자기self와 비자기non-self를 구별하는 방식이라고 설명된다. 즉, 우리 몸이 자신을 보호하고 자신이 아닌 것을 공격하는 시스템이다. 흥미로운 점은 심리적 자아감과 신체적 자아 인식 사이에도 놀라운 연결이 있다는 사실이다. 심리가 불안정하거나 약해지면 그 영향은 곧바로 신체에서도 나타난다.

면역 체계

사람들은 대부분 면역 체계를 암세포, 기생충, 박테리아, 바이러스 등을 공격하는 세포로 이해한다. 하지만 면역 체계는 그보다 훨씬 더 복잡하고 정교하다. 우리 몸이 세균과 독소로부터 자신을 방어하는 모든 방식이 면역 체계에 포함된다. 귀지, 침, 코털은 물론이고, 혈액 속 면역세포, 각종 분비샘과 신경전달물질까지 모두 면역 체계의 일부다.

5장 마음과 몸은 어떻게 연결되는가

비특이적 면역 방어 체계

우리 몸을 사람들로 가득 찬 도시라고 상상해보자. 이 도시를 둘러싼 거대한 성벽이 바로 피부다. 이 벽은 박테리아, 바이러스, 기생충 같은 침입자가 몸 안으로 들어오지 못하게 막아준다. 이 도시에는 귀, 입, 코 등 출입구도 몇 개 있다. 이 출입구 역시 철저히 보호되고 있다. 귀에는 귀지가 있고, 눈에는 눈물이 있으며, 코에는 털과 점액이 있어서 침입자가 쉽게 통과하지 못하게 막아준다. 만약 침입자가 운 좋게 방어선을 뚫고 들어오더라도, 침속의 화학물질이나 위 속의 산이 대부분 침입자를 죽인다.

우리 몸의 이런 기관들과 그 기관들이 만들어내는 물질들은 모두 면역 체계의 중요한 구성 요소다. 이것들을 통틀어 **비특이적 면역 방어 체계**라고 부른다. 이 방어 체계는 우리 몸을 지키기 위해 다음과 같은 메커니즘을 동원한다.

- 기침을 통해 병원균을 뱉어내기
- 재채기로 병원균을 날려 보내기
- 기관지와 기관 내벽을 따라 움직이는 섬모(작은 털)로 이물질을 밀어내기

마음챙김의 뇌과학

분비물에 의한 방어의 예시는 다음과 같다.

- 귀지
- 눈물 속 효소
- 침 속 화학물질
- 위산(염산)

침입 즉시 반응하는 면역세포의 예시는 다음과 같다.

- 대식세포: 이물질을 포식하는 세포
- 호중구: 감염에 맞서 싸우는 백혈구

혈액 내 순환 물질의 예시는 다음과 같다.

- 보체계: 혈액 속에서 감염성 미생물을 제거하는 데 관여하는 단백질군
- 인터페론: 세균이나 바이러스가 침입했을 때 주변 세포에 위험을 알리기 위해 분비되는 단백질

5장 마음과 몸은 어떻게 연결되는가

특수 세포의 예시는 다음과 같다.

- 자연살해세포: 바이러스에 감염된 세포나 암세포를 파괴하는 백혈구

특이적 면역 방어 체계

침입자가 비특이적 면역 방어 체계의 성벽을 넘어서면 두 번째 방어선, 즉 혈액 속 세포가 작동한다. 이들은 마치 성벽 안에서 대기하는 수비대와 같다. **특이적 면역 방어 체계**라고 불리는 이 시스템은 크게 **체액성 면역 체계**(경찰 역할)와 **세포성 면역 체계**(군대 역할)라는 두 가지 축으로 이루어져 있다.

1. 체액성 면역 체계

주로 세균과 기생충을 상대한다.

- B세포(B림프구)와 형질세포로 구성되어 있다.
- B세포는 병원체(항원)를 식별하고, 그에 대한 식별 코드(기억 정보)를 생성한다.
- 형질세포는 이 식별 코드를 바탕으로 항체(면역글로불린)를 만들어낸다. 이 항체는 병원체를 단단히 '붙잡아' 고정하고, 대식세포

마음챙김의 뇌과학

등 다른 면역세포가 이를 침입자로 인식해 제거하도록 돕는다.

2. 세포성 면역 체계

- (바이러스와 종양 등) 이미 조직과 세포 안으로 침투한 병원체에 특화되어 있으며, 세균 감염에도 효과적으로 작동한다.
- T세포(T림프구)로 구성되어 있고, 감염된 세포나 조직 속의 병원체를 인식해 달라붙어 직접 파괴한다.

면역 방어에 관여하는 세포는 모두 **백혈구**다. 백혈구는 비특이적 면역 방어 체계(대식세포와 호중구), 체액성 면역 체계(B세포와 형질세포), 세포성 면역 체계(T세포)의 핵심을 이룬다. 반면 **적혈구**는 헤모글로빈을 통해 산소를 운반할 뿐, 면역 기능에는 직접 관여하지 않는다.

세포는 어떻게 서로 소통할까

작디작은 세포들은 어떻게 서로 정보를 주고받을까? 간은 포도당을 언제 방출해야 하는지 어떻게 알까? 심장은 언제 평소보다

5장 마음과 몸은 어떻게 연결되는가

혈액을 더 많이 펌프질하고 언제 속도를 늦춰야 하는지 어떻게 알까?

그 해답은 두 가지 소통 방식에 있다. 바로 **신경계**를 통한 소통과 (호르몬을 포함한) **화학물질**을 통한 소통이다.

몸속 어딘가에서 한 세포가 바이러스나 암세포를 발견했을 때, 어떤 복잡한 과정이 펼쳐질지 상상해보라. 첫째, 그 세포는 자신이 발견한 것이 정상적인 존재가 아님을 즉시 알아차려야 한다. 즉, 어떤 형태로든 기억하거나 식별할 능력이 있어야 한다. 둘째, 문제가 발생했음을 다른 세포들에게 어떻게든 알려야 한다. 셋째, 그 신호를 감지한 '지휘 본부'는 병력을 해당 부위로 즉시 파견해야 한다. 넷째, 파견된 병력은 '정상적이지 않은' 유기체를 제거하고, 그 잔해까지 싹 처리해야 한다. 이 놀라운 과정은 우리가 전혀 인식하지 못하는 사이, 매 순간 몸속에서 벌어지고 있다. 실제로는 훨씬 더 정교하고 복잡한 과정이지만, 굳이 비유하자면 화학물질을 매개로 순식간에 주고받는 생체 속 문자 메시지나 이메일과도 같다.

우리 몸에는 수많은 화학적 메신저가 존재한다. 그 덕분에 세포들은 지금 무슨 일이 벌어지는지, 어디로 가야 하는지, 무엇을 해야 하는지, 언제 멈춰야 하는지 정확히 파악할 수 있다. 또한

마음챙김의 뇌과학

수많은 세포 표면에는 위성 안테나처럼 작용하는 수용체들이 있다. 각 수용체는 서로 다른 화학적 신호를 정확히 '수신하도록' 설계되어 있다.

세포 간 소통에 이상이 생기면 질병이 발생한다. 설사 문제를 제거할 세포들이 모두 자리를 잡고 지시만 기다리는 상황이라 해도 마찬가지다. 요즘 의학 연구의 큰 화두는 왜 암세포처럼 위험한 문제가 발생해도 화학적 신호가 제대로 전달되지 않는가, 혹은 그 신호를 받아야 할 세포들이 왜 반응하지 않는가다.

면역 기능에서 호르몬의 역할

다양한 호르몬이 면역 체계에 깊은 영향을 미칠 수 있다. 그중 하나가 이 책에서 여러 번 언급된 대표적인 스트레스 호르몬인 **코르티솔**이다. 코르티솔은 스트레스 반응을 조절할 뿐만 아니라 **면역 기능을 억제하는** 중요한 작용도 한다.

코르티솔은 세포 활동을 효과적으로 늦춘다. 대부분의 적혈구 표면에는 코르티솔 수용체가 있다. 골수, 심장, 폐 이식 등 조직 이식에서는 면역 체계가 이식된 장기를 거부하지 않도록 환자에

5장 마음과 몸은 어떻게 연결되는가

게 코르티코스테로이드(코르티솔 유사 호르몬)를 다량 투여한다. 피부 발진, 벌레 물림, 알레르기 등에 사용되는 약물의 주요 성분도 코르티솔의 유사 물질인 코르티손이다.

놀랍게도 코르티솔의 부작용은 불안, 우울증, 세균이나 바이러스 감염에 대한 취약성 등 거의 모든 측면에서 HIV/AIDS와 비슷하다. 하지만 HIV/AIDS와 달리, 코르티솔 투여를 중단하면 면역 체계는 다시 정상으로 돌아온다.

더 놀라운 사실은 T세포에 코르티솔을 추가하면 바이러스가 이 세포를 감염시킬 수 있는 능력이 최대 70퍼센트까지 증가한다는 점이다.

그런데 다음 장에서 살펴보겠지만, 면역 체계를 억제하면 오히려 우리에게 유익한 때도 있다.

MBC: 마음과 몸을 연결하기

이제까지 살펴본 요소들을 하나로 연결해 마음이 어떻게 면역 체계에 영향을 미치는지 알아보자. 이 둘을 연결하는 생물학적 경로가 많지만, 가장 이해하기 쉬운 연결 고리는 바로 SAM 시스템과 HPAC 시스템이다.

도망칠 것인가, 맞설 것인가

1장에서 만났던 원시인 브로그를 기억하는가? 브로그가 호랑이 같은 위협적 존재를 마주쳤을 때, **SAM 시스템**이 즉각 작동하며 에너지를 급격히 끌어올렸다. 그 결과, 브로그는 맞서 싸울지, 도망칠지 재빨리 결정할 수 있었다. 이 순간 교감신경계는 전면에 나서고 부교감신경계는 뒤로 조용히 물러난다.

마음챙김과 MBC에서 또 하나 주목해야 할 시스템이 있다. 그것은 바로 가엾은 브로그가 호랑이와 싸우기로 선택했거나, 혹은 제때 도망치지 못해서 결국 다쳤을 때 작동하는 시스템이다. 아, 가엾은 브로그!

이런 상황에 대비해 대자연은 **HPAC 시스템**을 진화시켰다. 이 시스템은 일종의 '무기력–절망 반응' 시스템, 혹은 '나는 다쳤다' 시스템이라고 부를 수 있다.

이상하게도, HPAC 시스템은 **면역 체계를 억제하도록** 설계되어 있다. 얼핏 보면 전혀 말이 안 되는 일이다. 하지만 그 안에 숨겨진 역설을 이해하면 납득이 간다. 그 역설이란 **면역반응이 살짝 억제될 때 상처가 오히려 더 빨리 치유된다는 것이다.**

우리가 다치면 다양한 면역 체계 세포들이 상처 부위로 일제히 몰려든다. 이 반응이 제대로 조절되지 않거나 속도가 늦춰지지 않으면 몰려든 세포들 때문에 부기와 염증이 원래 상처보다 더 큰 손상을 유발할 수 있다.

마음챙김의 뇌과학

예를 들어, 어떤 사람은 벌침이나 꽃가루에 노출되면 심한 알레르기 반응을 보인다. 조심하지 않으면 벌에 쏘이거나 꽃가루에 노출되어 죽을 수도 있다. 꽃가루나 벌침에 '독성'이 있어서가 아니라, 그에 반응한 면역세포들이 몰려들면서 목이 부어 기도가 막히기 때문이다. 기도가 막혀서 결국 질식해 죽는 것이다. 이러한 부종(몸이 붓는 증상)은 사실 면역 체계가 지나치게 열성적으로 반응한 결과다.

알레르기가 없는 사람은 **호르몬 연쇄반응**이라는 화학적 도미노 작용을 통해 부종을 억제한다. 몸이 상처를 입었다는 사실을 인지하면 먼저 시상하부에서 CRF(부신피질자극호르몬 방출인자)라는 화학물질을 분비한다. 그러면 뇌하수체가 자극받아 ACTH(부신피질자극호르몬)를 분비하고, 이 호르몬은 혈류를 따라 부신피질로 이동해 마침내 코르티솔을 혈류로 내보낸다.

앞서 살펴보았듯이, 코르티솔이 면역계에 미치는 영향은 매우 강력하다. 특히 장기간에 걸쳐 지속적으로 분비될 때는 더욱 그렇다.

1장에서 우리는 SAM 시스템이 브로그가 살던 시대처럼 유리하게 작동하지 않고 오히려 만성 스트레스를 초래할 때가 많다는 사실을 확인했다. HPAC 시스템도 마찬가지다. 이 시스템은 원래 상처나 통제력 상실 같은 **외부 위협**에 대처하기 위해 진화한 것이다. 하지만 오늘날에는 실제 상처나 위협이 아니라 상처받았다는 느낌이나 상황을 통제하지 못한다는 내부 인식, 즉 감정적 고통만으로도 동일한 생리 반응이 나타난다. 다시 말해 속상함, 두려움, 걱정, 불안, 우울 같은 **지속된 감정적 고통**은 코르티솔의 만성적 분비를 유도하고, 이것이 결국 면역 체계의 장기적 억제를 불러온다.

정상보다 높은 수준의 코르티솔은 놀라울 정도로 광범위한 파장을 일으킨다. 그중 상당 부분은 암, HIV/AIDS 그리고 여러 면역 억제성 질환과 직접적으로 관련이 있다. 예를 들어, 코르티솔은 T세포 표면의 수용체에 영향을 미쳐 HIV가 T세포를 감염시키는 능력을 높이는 것으로 밝혀졌다. 또 다른 연구에서는 코르티코스테로이드가 AIDS 환자의 면역 기능을 약화시킬 수 있다는 사실도 드러났다.

거듭 밝히지만, 나는 코르티솔이 이런 질병을 '유발한다'고 말하는 것이 아니다. 다만 심리적 스트레스로 코르티솔이 비정상적인 수준으로 분비되면 이러한 질병의 발생에 '기여할 수 있다'는 것이다.

다시 강조하자면, **통제하고 있다는 인식, 혹은 통제하지 못한**

마음챙김의 뇌과학

다는 인식만으로도 우리 몸에는 광범위한 화학적 변화가 일어난
다. 그러한 변화는 몸을 건강하게 만들기도 하고 되레 건강을 해
치기도 한다. 몸의 입장에서는 무엇이 실제이고 무엇이 상상인
지는 중요하지 않다.

질병이 생기려면 면역 체계에 극적인 변화가 있어야만 할까?
연구에 따르면, 꼭 그렇지는 않다. 면역 체계는 대부분의 시간
동안 감시 모드로 작동한다. 즉, 몸속에 (암세포 같은) 이상 징후
가 있는지 끊임없이 점검하고, 이상 징후가 발견되면 날마다 제
거한다. 그런데 이 감시 활동이 조금만 약해져도 균형이 쉽게 무
너질 수 있다. 예를 들어, 암세포가 점점 더 많이 감시망을 빠져
나가면서 결국에는 임상적으로 진단 가능한 암으로 이어진다.

하지만 SAM과 HPAC 시스템이 잘못 작동하더라도, 단기적으
로는 그 부작용이 극적이거나 명확하게 드러나지 않는다. 연구
에 따르면, **급성(단기) 스트레스는 면역 체계에 지속적인 영향을
거의 미치지 않는다.** 면역 기능이 일시적으로 살짝 떨어졌다가
15분 이내에 정상 수준으로 회복된다. 그러니 하루쯤 일이 꼬였
다고 면역력이 무너질까 봐 걱정할 필요는 없다!

오히려 부정적 영향은 대부분 면역 기능이 **장기간에 걸쳐 조
금씩 저하되면서** 나타난다. 보통 6개월에서 2년이라는 긴 시간

5장 마음과 몸은 어떻게 연결되는가

동안 서서히 진행되는 변화다. 그래서 응용 MBC의 초점은 단기 스트레스가 아니라 장기(만성) 스트레스에 맞추어져 있다.

통제에 대한 인식

동물 실험에 따르면, 고통에 대한 **실제 통제 여부보다 통제한다고 인지하는 것**이 더 중요한 요인으로 작용한다. 이 인식이야말로 SAM 시스템과 HPAC 시스템 중 어떤 반응이 활성화될지 결정짓는 핵심 열쇠다. (실제로는 그렇지 않더라도) 자신이 통제한다고 믿으면, SAM 시스템이 작동한다. 반대로, 자신이 통제하지 못한다고 느끼는 순간(그 믿음이 사실과 다르더라도), HPAC 시스템이 작동하기 시작한다.

예를 들어, 우리 안에서 버튼을 누르면 약한 전기 충격을 피할 수 있다고 학습된 개의 경우에는 **SAM 시스템**이 활성화된다. 그 결과, 개는 암 같은 HPAC 관련 질병에 걸리지 않는다. 심지어 그 버튼이 실제로는 전기 장치와 연결되어 있지 않아서 눌러도 충격의 강도나 빈도에 영향을 주지 못한다 해도, 개는 대체로 악성 종양을 포함한 질병을 앓지 않는다.

반대로, 어떤 행동을 해도 전기 충격을 막을 수 없다고 믿게 된 개의 경우에는 대개 **HPAC 시스템**과 관련된 질병이 나타나기 시작한다(물론 이런 실험은 단기간이 아니라 수개월에서 수년에 걸쳐 진행되어야 한다. 단기 스트레스는 지속적인 영향을 미치지 못하기 때문이다).

어떤 상황에서 SAM 시스템이 작동할지, 아니면 HPAC 시스템이 작동할지 결정하는 것은 **실제 통제 여부가 아니라 통제한다고 느끼느냐 아니냐에 대한 인식이다.** 이는 실로 놀라운 사실이다. 우리의 마음과 감정이 몸에 얼마나 큰 영향을 미치는지 보여주는 강력한 증거다.

물론 아직 퍼즐 조각을 다 맞추지는 못했다. 하지만 과학적 연구는 심리 상태가 다양한 방식으로 면역 기능을 약화시킬 수 있다는 사실을 밝혀냈다. 그 심리 상태가 장기적이고 만성적일수록 면역 체계의 손상 역시 그만큼 깊고 오래간다는 사실 또한 분명히 밝혀냈다.

지금까지 마음과 몸의 연결을 뒷받침하는 과학적 근거를 살펴보았다. 이제는 그 지식을 일상에서 어떻게 실천할지 탐색해볼 완벽한 시점이다. 6장에서 이 주제를 집중적으로 다뤄보자.

5장 마음과 몸은 어떻게 연결되는가

((6장))

더 나은 삶을 위한
MBC 실천법

연결의 시작점은 몸이다

지금까지 익힌 마음챙김 기법들만 실천해도 건강은 분명 눈에 띄게 좋아질 것이다. 하지만 여기에 MBC를 적용하면 그 효과는 한 단계 더 도약한다. 앞으로 소개할 MBC를 기반으로 한 마음챙김 실천 전략들을 일상에 적용하면 면역 체계가 탄탄해지고, 그에 따라 각종 질병과 건강 문제로부터 내 몸을 확실히 지켜낼 수 있다. 자, 그럼 어디서부터 시작하면 좋을지 한번 살펴보자.

몸에서 시작해 몸으로 돌아간다

MBC는 시작점과 도착점이 같다. 바로 몸이다. 물론 마음챙김을 실천하다 보면 감정과 사고에도 많은 변화가 찾아온다. 하지만 MBC가 진정으로 지향하는 목적은 오직 하나, 즉 **신체 건강에 긍정적 영향을 미치는 것이다.**

따라서 가장 먼저 해야 할 일은 **현재 자신의 몸 상태에 관한 정보를 최대한 파악하는 것이다.** 아직 안 했다면, 병원에 가서 건강검진부터 받아보라. 몸 상태를 정확히 파악하기 위해 의사가 면역 지표를 확인하는 혈액검사나 각종 스캔, 기타 정밀 검사를 권할 수도 있다.

당신의 몸이고, 당신의 삶이다. 지금 내 몸에서 무슨 일이 벌어지는지 아는 것은 지극히 당연한 일이다. 그래야 의학적이든 비의학적이든, 적절한 치료 방향을 선택할 수 있다. 현재 건강 상태와 앞으로 마주할 난관을 정확히 알면 막연한 불안감도 크게 덜 수 있을 것이다.

생활 습관 요인

다음으로는 자신의 생활 방식을 다양한 각도에서 돌아볼 필요가 있다. 개인적 습관과 신체적 요인, 인간관계, 일, 생활환경까지 꼼꼼히 점검해보자. 그래야 질병을 예방하거나 완화할 수 있는 길이 보일 것이다.

예를 들어, 현재 처한 환경이 특히 열악하다면 그 점을 반드시 고려해야 한다. 의사에게서 심장마비 위험이 있으니 좀 더 쉬어야 한다는 권고를 받았더라도, 당신이 바다 한가운데 있는 석유 시추 현장에서 일하고 있다면 이야기는 달라진다. 위험하고 긴장감이 극심한 근무 환경에 가족과도 떨어져 지내야 하는 상황이라면 MBC를 삶에 적용하는 데 큰 걸림돌이 될 수 있다.

하지만 그런 요인들이 당신에게 영향을 미친다는 사실을 자각하는 것만으로도 마음챙김의 출발점이 될 수 있다. 때로는 상황이 너무 벅차서 이대로는 도저히 안 되겠다고 느끼는 때가 분명히 올 것이다. 그때가 바로 변화의 시작점이다!

개인적 수준에서 당신은 여가 시간에 무엇을 즐기는가? 그 활동이 은연중에 또 다른 스트레스 요인이 되지는 않는가?

생활 습관 가운데 가장 먼저 점검해야 할 부분은 신체적 측면이다. 혹시 체중이 많이 나가지 않는가? 충분히 쉬고 적절히 운동하는가? 이와 관련된 유용한 정보는 3장의 '에너지 관리: 신체 에너지' 파트에서 찾아볼 수 있다.

건강을 유지하려면 지금 꼭 필요한 **영양소**에 집중해야 한다. 특히 이미 만성질환을 앓고 있다면 더욱 그렇다.

내 몸에 이로운 영양소

항산화 물질이나 면역력을 높이는 성분처럼 몸에 이로운 음식과 약초를 직접 조사해보라. 예를 들어, 셀레늄은 면역 기능이 저하된 상태에서 특히 효과적이라고 알려져 있고, 비타민 C, 아연 그리고 다양한 약용 식물도 면역력 강화에 큰 도움이 될 수 있다.

그런데 '면역력을 높이는' 식물이나 민간요법을 활용할 때는 주의가 필요하다. 이유는 간단하다. 이러한 제품은 대체로 면역 체계의 '어떤' 부분을 '강화하는지' 구체적으로 밝히지 않기 때문이다. 면역 전반을 강화하는 만능 치료제 따위는 존재하지 않는다. 실제로 이런 요법은 (바이러스나 암세포를 다루는) **세포성 면역**이나 (박테리아를 주로 다루는) **체액성 면역** 중 하나에만 작용한다. 이 두 가지 면역 체계는 한쪽이 강화되면 다른 쪽이 약해지는 경향이 있다.

예를 들어, 세균 감염을 앓고 있을 때는 '면역력 강화'에 좋은 약초인 에키네시아echinacea가 매우 효과적이다. 하지만 면역 기능이 저하된 상태에서는 오히려 증상을 악화시킬 수 있다.

여기서 핵심이 되는 과학적 개념은 **항상성**이다. 2장(115쪽 참고)에서 살펴보았듯이, 우리 몸과 뇌는 호르몬(화학 반응)과 신경전달물질(전기 반응)의 '흐름'을 일정하게 유지하려는 성질이 있다. 질병에 걸리면 이 균형이 무너지고, 그 상태가 오래 지속되면 만성질환으로 이어질 수 있다.

마음과 몸을 연결하는 길

생활 습관을 바꾸는 것도 중요하지만, 그에 못지않게 당신이 걷고 있는 '길' 자체를 바꾸는 일도 필요하다. 그 길을 이루는 기반은 바로 마음과 감정의 상태, 다시 말해 마음챙김으로 강화되는 내면의 힘이다. 이 **정신·감정적** 기반이야말로 몸과 마음을 연결하는 당신의 여정을 뒷받침하는 핵심 **인프라**다.

6장 더 나은 삶을 위한 MBC 실천법

살다 보면 누구나 한 번쯤은 개인적인 문제나 가족 문제, 환경이나 업무와 관련된 문제에 부딪히게 마련이다. 하지만 내적 기반을 단단히 다져놓았다면 스스로 이렇게 다독일 수 있을 것이다. "지금은 조금 울퉁불퉁하지만, 마음만 잘 다잡으면 이 여정을 계속할 수 있어. 언젠가는 이 거친 길도 평탄해질 거야." 따라서 6장의 남은 부분에서는 MBC의 '마음' 영역을 강화하는 데 초점을 맞춰 실용적인 사례와 연습 과제를 두루 살펴볼 것이다.

마음챙김의 뇌과학

자기 자신을 믿는 연습

MBC는 과학적 연구와 검증된 방법을 모아놓은 체계다. 그 연구와 방법들을 응용 MBC의 '벽돌'이라 할 수 있다. 하지만 이 놀라운 원칙과 기법을 단단히 이어주는 '시멘트', 즉 자기 확신이 없다면 그 구조는 쉽게 흔들릴 수 있다.

　혼자 힘으로 세상에 맞설 자신이 없다면 먼저 그 기반부터 단단히 다져야 한다. '그래, 난 할 수 있어'라는 확신이 들 때까지 지금부터 소개할 시각화 연습을 여러 번 반복하라. 이것은 향후 행동을 준비하고 실행하는 과정에서 뇌에 긍정적 영향을 준다는 사실이 과학적으로 입증된 기법이다.

6장 더 나은 삶을 위한 MBC 실천법

연습 과제: 내면의 자신감 키우기

1단계: 자신감을 느꼈던 과거의 경험을 떠올려보라.

지금까지 살면서 아주 잠깐이라도 자신감을 느꼈던 순간이 분명히 있을 것이다.

그런 경험을 다섯 가지 적어보자(적어도 한 가지는 적어야 한다)

1. _____
2. _____
3. _____
4. _____
5. _____

2단계: 그중에 가장 강력한 경험을 선택하라.

1단계에서 적은 경험 가운데 자신감을 가장 강하게 느꼈던 순간을 고른다.

3단계: 마음챙김을 실천하며 그때의 감정을 다시 불러오라.

이 책에서는 색칠하기를 주로 활용했지만, 약간만 응용하면 당

마음챙김의 뇌과학

신이 선호하는 다른 마음챙김 활동으로도 충분히 실천할 수 있다(1장과 3장에 다양한 방법이 나와 있다).

우선 색칠할 도안에 시선을 집중한다. 고개를 살짝 숙이고 눈은 아래로 향한 채, 자신감을 느꼈던 당시의 경험을 천천히 떠올려 본다.

색칠을 계속하면서 그 순간 당신의 몸이 어떻게 움직이고 있었는지에 주의를 돌려본다. 그때 당신은 걷고 있었는가, 서 있었는가, 아니면 앉아 있었는가? 몸의 자세는 어땠는가?

색칠을 계속하면서 이제는 당시 주변 환경에 주의를 기울인다. 곁에 누가 있었는가? 그들은 당신 뒤에 있었는가, 앞에 있었는가? 아니면 옆에 있었는가? 누군가가 무슨 말을 하지는 않았는가?

이제 가장 강하게 "그래, 난 할 수 있어!"라는 확신이 들었던 바로 그 순간으로 주의를 돌린다. 그때 느꼈던 자신감을 지금 이 순간, 색칠하는 몸 안에서 다시 느껴보라. 그 감정이 몸 어디에서 느껴지는가? 어떤 느낌인가? 따뜻한가, 뜨거운가, 전기가 통하는 듯한가, 아니면 차분한가?

4단계: 그 감정을 더 강하게 키워라.

이번에는 당신이 느낀 "그래, 난 할 수 있어!"라는 감정에 형태,

6장 더 나은 삶을 위한 MBC 실천법

크기, 색깔이 있다고 상상해본다. 색칠 도안 위에서도, 머릿속에서도 그 색을 점점 더 선명하게 만든 뒤, 그 감정의 형태를 두 배로 키운다. 그 크기를 계속 넓혀서 당신의 온몸을 그 형태가 완전히 감싸도록 한다.

5단계: 가슴을 톡톡 두드려라.

이 멋진 감정이 가슴 깊이 퍼지는 것을 느꼈다면, 잠시 색칠을 멈추고 그 손으로 가슴 중앙을 톡톡 두드린다. 쇄골 아래 명치 윗부분을 너무 세지 않게, 하지만 단단하게 두드려본다.

6단계: 처음에 적어둔 다른 경험에도 같은 과정을 반복하라.

1단계에서 떠올렸던 다른 자신감의 순간들에도 이 연습을 적용해 반복해본다. 경험마다 그때의 장면을 생생히 떠올리고 "그래, 난 할 수 있어!"라는 감정을 되살린다. 그 감정의 형태와 색을 키우고 강화한 뒤, 가슴을 톡톡 두드려 마음 깊이 새겨 넣는다.

마음챙김의 뇌과학

연습으로 얻을 수 있는 것

지금은 자신감이 부족하다고 느낄지 몰라도, 사실 당신 안에는 분명 자신감이 있는 부분이 존재한다. 그 사실을 깨닫는 것, 그것이 바로 이 연습을 통해 얻을 수 있는 가장 큰 수확이다. 자기확신은 숨겨진 자신감을 찾아내 지금 이 순간으로 불러오는 데서 시작된다. 그 과정에서 **마음챙김**은 마음과 뇌를 이어주는 중요한 연결 고리다.

이제 당신 안의 자신감은 한층 더 강화되었다. 가슴을 다시 한번 부드럽게 두드려보라. 그 감정이 되살아나 지금 이 순간을 채워줄 것이다.

지금, 당장 실천해보라.

6장 더 나은 삶을 위한 MBC 실천법

반항심이 때로는 약이 된다

MBC를 적용할 때 또 하나 중요한 요소는 약간의 **반항심**이다. '그럴 수도 있겠지만, 정말 그럴까?' 하고 속으로 되묻는 의심의 목소리, 이것이 꽤 유용하게 작용한다.

응용 MBC는 아주 섬세한 균형 위에 서 있다. 물론 우리는 MBC의 과학적 신뢰성과 검증된 연구 결과를 중요하게 여긴다. 하지만 동시에 그 과학을 삶에 '적용할' 때는 어떤 외부의 권위 도 의심해보는 태도가 필요하다.

아이러니하게도, MBC의 효과를 증명하는 대표적인 중증 질 환의 '생존자'들은 대체 의학이나 과학의 권위에 가장 회의적인 사람들이다. 그들은 흔히 '다루기 힘든 환자'라고 불린다. 의사의 말에 쉽게 수긍하지 않고, '왜' 그런 치료를 해야 하는지 끊임없이 묻고 따지기 때문이다. 하지만 이러한 회의적인 태도는 사실 일종의 투쟁-도피 반응이다. 상황을 해결하거나 받아들이면 몸은 다시 균형을 되찾고, 그 과정을 통해 회복탄력성도 함께 자라난다.

이 책을 읽고 연습 과제를 실천하면서 어떤 부분이 당신에게 맞지 않는다고 느껴진다면, 그렇다는 사실을 솔직하게 인정하라. 그리고 그 부분을 당신에게 맞게 바꿔라. 필요하다고 느껴질 때는 기꺼이 반항하라. 치유 과정에서 진짜 '권위자'는 MBC가 아니다. 가족도, 친구도, 의학도, 어떤 민간요법도 아니다. 바로 '당신 자신'이다. 당신에게는 모든 권위에 도전하고 자신만의 기준을 세울 권리가 있다.

6장 더 나은 삶을 위한 MBC 실천법

감정 지능을 높이는 법

응용 MBC로 건강을 지켜나가는 데 높은 지능이나 학력이 필요하지는 않다. 이 책에서 제시하는 실천 과제들은 복잡하거나 어려운 기술을 요구하지 않는다. 조금 도전적이고 어쩌면 불편하게 느껴질 수는 있겠지만, 그렇게 복잡하지는 않다. 대부분 논리적이고 상식에 기반하고 있어서 누구나 실천할 수 있다.

지금 당신에게 필요한 것은 지적 지능mental IQ이 아니라 **감정 지능**emotional IQ이다. MBC의 방법과 기술은 이 책이 알려줄 수 있지만, 진짜 중요한 '내면의 자질'은 배워서 얻을 수 있는 것이 아니다. 그것은 당신의 내면에서 스스로 길러야 한다.

감정 지능이란 무엇일까? 지금 내가 무엇을 느끼든 있는 그대로 받아들이고, 그 감정을 '알아차리고, 소중히 여기고, 신뢰하며, 솔직하게 표현할 수 있는 능력', 그것이 바로 감정 지능이다.

감정 지능이 높은 사람은 단지 자신의 감정을 인식하고 표현하는 데만 능한 것이 아니다. 타인의 행동을 깊이 통찰할 수 있고, 상황을 현명하게 판단해서 바람직한 결과를 이끌어낼 수도 있다.

사람들은 대부분 통제력을 잃었던 순간이나 다른 사람을 오해했던 일을 곱씹으며 많은 시간을 허비한다. 하지만 사람들과 함께 있을 때 성숙하고 효율적으로 행동하려면 자기 내면과 본연의 모습에 먼저 연결되어야 한다.

신경과학의 관점에서 보더라도, 감정 지능은 우리 몸의 항상성 시스템이 더 효율적이고 안정적으로 작동하도록 돕는다. 호르몬과 신경전달물질의 작용 전반에 긍정적 영향을 미치기 때문이다(115쪽 참고).

6장 더 나은 삶을 위한 MBC 실천법

감정 지능을 높여줄 실천 과제

알다시피, 행동을 꾸준하고 진심 어린 방식으로 변화시키는 일은 참으로 어렵다. 그러므로 응용 MBC의 효과를 최대한 끌어내기 위해 꼭 짚고 넘어가야 할 행동 변화 목록이 있다(아마 그중 몇 가지는 이미 실천하고 있을 것이다).

1. 말보다 행동이 중요하다

사람들의 신뢰와 존경을 얻으려면 먼저 자기 말을 스스로 진지하게 받아들여야 한다. 하겠다고 한 일은 반드시 실천하고, 선택한 일은 책임지고 끝까지 밀고 나가야 한다.

2. 온전히 귀를 기울여라

사람들에게 긍정적인 영향을 미치고 싶다면 100퍼센트 주의를 기울여 들어야 한다.

3. 마음을 표현하라

우리는 흔히 내가 얼마나 아끼는지 상대가 당연히 안다고 생각하지만, 실제로는 대부분 잘 모른다. 사람은 누구나 말로 듣고 행동으로

마음챙김의 뇌과학

확인받고 싶어한다. 그것도 자주!

4. 때로는 침묵이 답이다

언제나 말을 해야 하는 것은 아니다. 사람들은 가끔 당신의 침묵에 더 고마워할 것이다.

5. 사람들에게 여유를 제공하라

타인의 욕구에 민감하게 반응하라. 때로는 '잠시 거리를 두는' 것이 관계를 유지하는 가장 현명한 방법이다.

6. 고마운 마음을 표현하라

감사 표현은 긍정적 감정을 북돋는 강력한 습관이다. 듣는 사람뿐 아니라 전하는 사람에게도 유익하다. 상세하고 구체적으로 말할수록 효과는 더 커진다.

7. 기대와 기준을 분명히 하라

누군가에게 원하는 결과를 얻고 싶다면 이렇게 말하라. "나는 이걸 원합니다. 만약 그렇게 되지 않는다면 합당한 조치가 있을 겁니다." 상대가 그 내용을 정확히 이해하고 동의하는지 확인하고, 약속한

6장 더 나은 삶을 위한 MBC 실천법

대로 행동하도록 끝까지 책임 있게 이끌어야 한다.

8. 존중을 보여라.

화가 난 사람과 대화할 때는 사실과 논리가 통하지 않는다. 오히려 진심 어린 관심과 존중이 마음을 움직인다. 경청하고 공감하며 존중을 표현하라.

9. 먼저 질문하라.

누군가와 협상할 때는 먼저 질문하는 태도를 원칙으로 삼아라. 질문을 던지면 상대를 내 생각의 흐름 안으로 자연스럽게 이끌 수 있다. 직접 설득하는 것보다 훨씬 더 세련되고 효과적인 방법이다.

10. 논쟁하지 마라.

'상대가 내 의견에 반대하면 설득해서 바꿔야 한다'라는 생각은 내려놓자. 그 대신, '상대에게는 내게 반대할 권리가 있다'라고 생각하자. '당신이 틀렸다'라는 말은 적을 만드는 확실한 방법이다. 내가 틀렸음을 인정하거나 생각이 다를 수 있음을 받아들이는 것이야말로 관계의 문을 여는 좋은 출발점이다.

마음챙김의 뇌과학

11. 쉽게 화내지 말고 쉽게 상처받지도 마라

속이 좁은 사람일수록 쉽게 화를 내고 상처를 받는다. 웬만한 일에는 흔들리지 않는 큰 사람이 되자.

12. 분노를 다스리는 법을 배워라

화가 날 때는 흔히 어떤 기대가 충족되지 않았기 때문이다. 그 기대가 현실적인지 먼저 자신에게 물어보라. 한 걸음 물러나 상대방 관점에서 상황을 바라보자. 그리고 이렇게 자문해보자. "이 일이 1년 후에도 여전히 중요할까?"

13. 분노는 동기를 부여하지 않는다

화를 내야 일이 제대로 돌아간다고 생각할 때가 있다. 하지만 사람을 움직이는 힘은 고성이 아니라 행동이다. 사람들은 목소리 크기보다 실제 행동에서 진심을 읽는다.

14. 가능하면 좋은 쪽으로 해석하라

사람은 때때로 기대를 저버린다. 그럴 때 당신에게는 선택지가 있다. 비난하고 망신을 줄 것인가, 아니면 문제를 함께 해결할 것인가? 비판하기 전에 '먼저 칭찬하라'. 지적하기보단 부드럽게 '상기

6장 더 나은 삶을 위한 MBC 실천법

시켜라'. 당신도 완벽하지 않다는 사실을 잊지 마라. 과거의 잘못을 탓하기보단 미래를 함께 바라보라. 이 모든 태도를 담은 황금률은 간단하다. '일단은 상대의 의도를 좋게 해석하라.'

15. 실수는 배움의 터전이다

관계는 사업과도 같다. 점점 좋아지든지, 점점 나빠지든지 둘 중 하나다. 제자리걸음은 없다. 상황이 나아지고 있지 않다면 당신은 배우지 않은 채 같은 자리에 머물러 있는 것이다.

질병을 비롯해 살면서 겪는 온갖 스트레스 상황을 이겨내려면 회복탄력성을 길러야 한다. 그래야 힘겨운 난관과 좌절 앞에서도 포기하지 않고 버텨낼 수 있다. 회복탄력성의 핵심에는 **심리적 강인함**이라는 개념이 있다. 이 개념은 심리적 요인이 건강에 어떤 영향을 미치는지 연구했던 탁월한 학자이자 이론가 수잔 코바사Suzanne Kobasa가 개발했다.

기본적으로 심리적 강인함은 스트레스 상황에 더 효과적으로 대처하도록 도와주는 성격적 특성을 말한다. 여기에는 세 가지 핵심 요소가 있다.

1. 도전 정신

2. 전념

3. 통제력

지금까지 살아오면서 중요한 사람에게 무시당하거나 비난받거나 모욕당하거나 거절당하거나 상처받은 경험이 있었다고 해보자. 이러한 '사실'을 바라보는 데는 두 가지 방식이 있다.

- "나는 누구의 관심도 받을 자격이 없어. 너무 부족해서 살아갈 가치도 없는 사람이야."
- "나는 누군가의 인정 없이도 버텨냈어. 그만큼 강인한 사람이야."

당신은 어느 쪽을 선호하는가?

스트레스 상황에서 진짜 문제는 **실제로 벌어진 일이 아니다.** 그 일에 대한 **당신의 반응이다.**

어떤 사람에게 '벽돌'(고통스러운 경험)을 던지면 그는 그 충격에 쓰러지고 또 맞을까 봐 다시 일어나기를 두려워한다. 그에게 벽돌은 고통의 상징이다.

하지만 어떤 사람은 그 벽돌을 받아내 무언가를 '만든다'. 그

마음챙김의 뇌과학

들에게 벽돌은 가치를 창조할 자원이다. 어쩌다 맞아서 쓰러지더라도 툴툴 털고 일어나 '덕분에 더 단단해졌어'라며 오히려 고마워한다.

지금까지 당신에게 던져진 벽돌로 당신은 무엇을 만들었는가? (출처는 알 수 없지만) 이런 말이 있다. "인생이 당신에게 레몬을 던지면 버릴 것인가, 아니면 레모네이드를 만들 것인가?"

어쩌면 당신은 이렇게 말하고 싶을지도 모른다. "말은 그럴듯하지만, 내가 얼마나 많은 상처를 견디며 살아왔는지 알면 그렇게 낙관적으로만 볼 수는 없을 거야."

아이러니하게도, 과거에 '힘든' 일을 많이 겪었을수록 내면이 더 단단해질 가능성도 커진다! 당신은 이미 수많은 벽돌을 맞으면서도 끝내 이겨내고 여태 살아남지 않았는가?

이것은 삶을 바라보는 완전히 새로운 관점이다. **과거의 고통이 클수록 단단한 미래를 지어 올릴 재료도 많아진다.**

당신은 어떻게든 그 힘든 시기를 견디고 이겨냈다. 그러니 또다시 어려움이 닥치면 이렇게 말할 수 있다. "당장은 이 일을 어떻게 헤쳐나갈지 모르지만, 예전에도 다 이겨냈으니 이번에도 기필코 이겨낼 거야."

강인함은 부정적인 경험을 발판 삼아 더 단단해지는 힘이다.

6장 더 나은 삶을 위한 MBC 실천법

그 힘은 머리로 계산하는 개념이 아니라 몸이 먼저 기억하고 반응하는 본능이다. 이 강인함은 생명을 위협하는 질병을 오랫동안 이겨낸 사람들에게서 내가 직접 목격한 사실과도 정확하게 일치한다.

다시 한번 말하지만, **문제는 당신의 과거 자체가 아니다. '그 과거를 지금까지 어떻게 받아들이고 살아왔느냐'가 진짜 문제다. "할 수 있을 것 같아"**라는 막연한 생각에서 **"난 반드시 해낼 수 있어!"**라는 확신으로 나아가는 것, 그것이 지금 당신 앞에 놓인 도전 과제다.

이제 앞에서 언급했던 핵심 요소 세 가지를 하나씩 살펴보자.

도전 정신 = "나는 ~를 하고 싶어"

아무런 모험심도 없고 열심히 노력할 목표도 없이 편하게만 산다면 당신의 몸은 그 상황을 별로 반기지 않을 것이다. 위험을 감수하며 무언가를 성취하려는 **도전 정신**은 우리 몸에서 성장호르몬 같은 다양한 호르몬의 분비를 촉진하기 때문이다(반대로, 도전이 '없는' 삶은 오히려 부정적인 영향을 줄 수 있다. 예를 들어, 일

마음챙김의 뇌과학

부 HIV/AIDS 환자에게 나타나는 근육 위축 증상은 비정상적으로 낮은 성장호르몬 수치와 관련이 있다. 이 도전의 문제는 다음 장에서 더 자세히 다룰 것이다).

당신 안에서 가장 먼저 찾아야 할 자질은 바로 어딘가를 향해 나아가려는 열망, 그리고 무언가를 이루고자 하는 결심과 설렘이다.

연습 과제: 도전 정신 = "나는 ~를 하고 싶어"

살면서 무언가를 이루고 싶어 들떴던 시기, 아침에 눈 뜨자마자 일어나고 싶을 만큼 가슴이 뛰었던 순간을 떠올려보자. 그러한 사건이나 시기를 다섯 가지 정도 간단히 정리해보자.

반드시 거창하거나 극적인 일일 필요는 없다. 예를 들어, 새로산 자전거로 처음 자전거 타는 법을 배울 때의 설렘, 첫 출근 날의 기대와 긴장감처럼 일상의 소소한 순간일 수도 있다. 사건의 구체적 내용이 아니라, 그 일을 하면서 느꼈던 흥분과 도전 정신이 중요하다.

핵심은 이러한 경험이 다음 두 가지 감정을 담고 있어야 한다는

6장 더 나은 삶을 위한 MBC 실천법

점이다. 첫째, 가슴이 설레고 기대되는 마음, 어쩌면 약간의 긴장도 있었을 것이다. 둘째, 어떻게 해낼지는 몰라도 기꺼이 위험을 무릅쓰겠다는 도전 정신이 살아 있는 마음이다.

_____
_____
_____
_____
_____

전념 = "나는 ~를 꼭 할 거야"

도전 정신이 '어떻게 할지는 아직 모르지만, 일단 해보겠다'라는 설렘과 모험심에 기반을 둔다면, **전념**은 끝까지 해내겠다는 의지와 그 일이 진정으로 가치 있다는 확신에 기반을 둔다.

연습 과제: 전념 = "나는 ~를 꼭 할 거야"

살면서 진심으로 전념했던 순간을 떠올려보자. 어떻게 해야 할지는 몰랐지만, 어떻게든 그 일을 해내겠다고 굳게 마음먹었던 사건이나 시기를 다섯 가지 정도 간단히 정리해보자.

다시 말하지만, 그 일이 꼭 거창하거나 극적일 필요는 없다. 그저 스스로 어떤 결정을 내리고, 결국 해낸 경험이면 충분하다. 예를 들어, 운전면허 시험이 두렵고 부담스러웠지만, 기어이 준비해서 도전했던 일이 될 수도 있다. 이런 경험은 원하는 바를 이루기 위해 끝까지 밀어붙였던 당신의 전념을 잘 보여주는 사례다.

_____

_____

_____

_____

_____

6장 더 나은 삶을 위한 MBC 실천법

통제력 = "나는 ~를 할 수 있어"

이 말은 단순히 어떤 일을 시작하거나 멈추거나 상황의 흐름을 바꿀 힘이 내 안에 있다는 뜻이다. '어떻게' 해야 할지는 잘 몰라도 마음만 먹으면 할 수 있다는 자신감이 바로 통제력이다.

연습 과제: 통제력 = "나는 ~를 할 수 있어"

지금 당신이 통제할 수 있다고 느끼는 일, 또는 과거에 실제로 통제력을 느꼈던 경험을 다섯 가지 정도 간단하게 정리해보자. 지금 만사가 뜻대로 되지 않는다고 느껴진다면 아주 사소한 일에 집중해보는 것도 좋다. 가령 눈을 깜빡일 수 있다는 사실과 말할 수 있다는 사실처럼 말이다.

당신은 무엇을 통제할 수 있는가? 최근에 지극히 사소한 일이라도 통제력을 느꼈던 순간은 언제였는가?

_____

_____

_____

강인함 키우기

앞서 진행한 '내면의 자신감 키우기' 연습 과제(260쪽)로 작은 감정을 어떻게 더 크게 확장할 수 있는지 직접 경험했을 것이다. 이제는 같은 방식으로, 방금 다루었던 심리적 강인함의 세 가지 요소, 즉 도전 정신과 전념, 통제력을 더 강하게 키워볼 차례다.

연습 과제: 강인함 키우기

1단계: 위의 세 항목에서 각각 한 가지 경험을 선택하라.
앞에서 작성한 '도전 정신' '전념' '통제력' 목록에서 가장 기억하기 쉬운 경험을 하나씩 선택한다.

2단계: 그중에서도 가장 강렬한 경험을 선택하라.
선택한 세 가지 경험 중에서 가장 생생하게 떠오르는 경험은 무엇인가? 바로 그 경험으로 시작한다.

3단계: 그때의 감정을 몸속 깊이 다시 불러오라.

6장 더 나은 삶을 위한 MBC 실천법

이 책에서는 색칠하기를 활용하겠지만, 약간만 응용하면 당신이 선호하는 다른 마음챙김 활동으로도 충분히 할 수 있다(1장과 3장에 다양한 방법이 나와 있다).

우선 색칠할 도안에 시선을 집중한다. 고개를 살짝 숙이고 눈은 아래로 향한 채 도전 정신, 전념, 통제력을(무엇이든 상관없다) 느꼈던 경험을 떠올린다.

색칠을 계속하면서, 그 순간 '당신의 몸이 어떻게 움직이고 있었는지'에 주의를 돌려본다. 그때 당신은 걷고 있었는가, 서 있었는가, 아니면 앉아 있었는가? 몸의 자세는 어땠는가?

색칠을 계속하면서, 이제는 당시의 '주변 환경'에 주의를 기울인다. 곁에 '누가' 있었는가? 그들은 당신 뒤에 있었는가, 앞에 있었는가, 아니면 옆에 있었는가? 누군가 무슨 말을 하지는 않았는가?

이제 도전 정신, 전념, 통제력을 가장 강하게 느꼈던 순간으로 주의를 돌린다. 그때 느꼈던 감정을 지금 이 순간, 색칠하는 몸 안에서 다시 느껴보라. 그 감정이 몸 어디에서 느껴지는가? 어떤 느낌인가? 따뜻한가, 뜨거운가, 전기가 통하는 듯한가, 아니면 차분한가?

4단계: 그 감정을 더 강하게 키워라.

마음챙김의 뇌과학

그 감정에 형태, 크기, 색깔이 있다고 상상해본다. 색칠 도안 위에서도, 머릿속에서도 그 색을 점점 더 선명하게 만든다. 이제 그 감정의 형태를 두 배로 키운다. 크기를 계속 키워서 그 형태가 당신의 온몸을 완전히 감싸도록 해본다.

5단계: 가슴을 톡톡 두드려라.
이 멋진 감정이 가슴 깊이 퍼지는 것을 느꼈다면, 잠시 색칠하기를 멈추고 손으로 가슴 중앙을 톡톡 두드린다. 쇄골 아래 명치 윗부분쯤 되는 지점을 너무 세지 않게, 하지만 단단하게 두드려본다.

6단계: 처음에 적어둔 다른 경험에도 같은 과정을 반복하라.
다른 두 범주에서 가장 강하게 느꼈던 경험에도 이 연습을 반복해보자. 경험마다 그때의 장면을 생생히 떠올리고, 도전 정신이나 전념, 통제력을 느낀다. 그 감정의 형태를 키우고 색을 더 강하게 만든 뒤, 가슴을 톡톡 두드려 마음 깊이 새겨 넣는다.

7단계: 목록에서 새로운 경험을 세 가지 더 선택하라.
앞서 작성한 세 가지 목록에서 새로운 경험을 하나씩 선택하라.

6장 더 나은 삶을 위한 MBC 실천법

8단계: 나머지 경험으로 2단계부터 7단계까지 반복하라.
각 목록에서 하나씩 골라 세 가지 경험을 하나의 그룹으로 만들고, 이 과정을 반복한다. 이렇게 다섯 번 반복하면 총 15가지 경험을 모두 강화할 수 있다.

삶이 던져준 '벽돌'로 당신이 가야 할 길을 직접 건설할 수 있을 만큼 강인해질 때까지 이 연습 과제를 반복해 실천하라.

'끌리는 미래'를 그려라

MBC 프로그램에 대한 대표적인 반론 가운데 하나는 참여자의 절반 정도만 효과를 본다는 것이다. 절반밖에 효과가 없다면 프로그램 자체를 신뢰하기 어렵다는 주장이다. 그렇다면 왜 어떤 사람에게는 MBC가 확실한 변화를 일으키지만, 다른 사람에게는 전혀 도움이 되지 않는 것일까?

그 이유는 다양할 것이다. 어쩌면 당신은 **의사**나 **대체의학 전문가**의 조언을 제대로 따르지 않고 있을지 모른다. 운동을 게을리하거나 **휴식**이 부족하거나 **식생활**이 엉망일 수도 있다. 당신은 **자신을 믿는가?** 병에 대해 죄책감 없이 당당하게 마주하는가? 누군가의 말에 무조건 따르기보다는 끊임없이 의문을 던지는 **반항심**이 있는가? **감정 지능**이 높은 편인가? 그리고 무엇보다 상황이 힘들어져도 MBC를 끝까지 실천해나갈 **강인함**이 있는가?

당신은 앞에서 언급한 모든 요소를 성실히 실천한 덕분에 이미 긍정적인 변화를 누리고 있을지도 모른다. 하지만 내가 지켜본 바로는 어떤 사람들에게 MBC가 효과를 내지 못하는 또 다른 이유가 있다. 그들에게는 바라보고 나아갈 **끌리는 미래**가 없다는 것이다. 그런 미래가 없으면 자존감은 자연스레 낮아질 수밖에 없다. 이는 결국 MBC의 효과를 가로막는 근본적인 장애물로 작용한다.

MBC의 관점에서 볼 때, 우리가 바라보고 나아갈 바람직한 미래를 상상해야 하는 데는 **중요한 이유 두 가지**가 있다.

1. 도전, 즐거움, 흥미 같은 감정은 아드레날린과 성장호르몬의 분비를 촉진하는 등 우리 몸에 특정한 호르몬 반응을 일으킨다. 면역계를 강화하거나 과도하게 활성화된 면역반응을 조절하는 다양한 신경펩타이드의 분비도 유도한다.

마음챙김의 뇌과학

2. 미래에 대한 목표가 없는 사람은 굳이 건강을 개선하려는 동기 자체를 찾기 어렵다. 나아갈 방향이 보이지 않으면 애써 노력할 이유도 사라지기 마련이다.

고통을 피하면 오래가지 못한다

비슷한 신체 조건의 사람들이 식단, 운동, 요가, 명상 등 건강 관리 활동을 시작하면 얼마 지니지 않아 두 부류로 나뉜다. 첫 번째 부류는 점점 더 활력이 생기고, 시간이 지나도 그 변화가 꾸준히 이어진다. 두 번째 부류는 한동안 호전되는 듯하지만, 시간이 지나면 그 효과가 사라져 다시 아프기 시작한다.

같은 활동에 참여했는데 왜 이렇게 다른 결과가 나타날까? 답은 의외로 단순하다. 어떤 사람은 **도달하고 싶은 미래가 있어서** 더 건강해지려 하고, 다른 사람은 **고통과 질병이 두려워서** 더 건강해지려 한다. 다시 말해, 한쪽은 고통, 질병, 죽음 같은 두려운 것에서 **벗어나고자** 움직이고, 다른 쪽은 설레는 미래를 향해 **나아가고자** 움직인다. 겉으로는 같은 일을 해도 그 바탕에 깔린 동기는 완전히 다르다.

6장 더 나은 삶을 위한 MBC 실천법

고통과 질병을 '회피'하려는 마음은 건강과 활력을 추구하려는 마음과 전혀 다르다. "지금 아프니까 나아지고 싶어"라는 말은 사실상 "지금 이 상태에서 벗어나고 싶어"라는 뜻에 지나지 않는다. 하지만 '왜' 그 상태에서 벗어나고 싶은지 물어보면 대답은 보통 둘 중 하나다.

"더 즐거워지고 싶어서요."(즉 '더 나은 상태'를 향해 나아가고 싶은 마음이다.)

"지금이 싫어서요."(즉 '명확한 목적지 없이' 단지 지금 상태가 괴로워서 도망치고 싶은 마음이다.)

고통과 질병을 회피하려는 동기에 사로잡힌 사람은 결국 마음이 두려움에 고정되어 있다(여기에는 1장에서 살펴본 '시간 부족'에 대한 두려움도 포함된다).

이런 두려움이 주된 관심사라면 건강과 행복은 당신의 정신과 감정 속에 뿌리내리기 어렵다. 고통이나 질병이 잠시 가라앉으면 동기 역시 사라지고, 증상이 다시 나타나면 불안 또한 함께 되살아난다. 이런 식의 '회피' 동기는 지속되지 않는다. 잠시 생겼다가 금세 사라진다.

스타니슬라프 캐슬Stanislav Kasl 교수와 그의 동료들은 군사학교에서 특정 유형의 생도를 대상으로 흥미로운 연구를 진행했다.

마음챙김의 뇌과학

이 생도들은 성취 지향적인(즉, 자신의 학력 수준을 넘어선 성과를 이룬) 아버지 밑에서 자라 높은 동기를 지녔지만, 정작 기대만큼의 성과를 내지 못하고 있었다.

이는 전형적인 **스트레스성 권력 증후군**에 해당한다(이 증후군은 1장에서 간략하게 살펴보았다). 흥미로운 점은 이런 심리적 경향이 첫째 자녀에게 자주 나타난다는 사실이다. 부모는 첫아이에게 온갖 기대와 희망을 쏟아붓는 경향이 있고, 그 결과 아이는 무언가를 성취해야만 사랑받는다는 인식을 품게 된다.

캐슬과 그의 동료들에 따르면, '반드시 성공해야 하지만, 어쩌면 실패할지도 몰라'라는 내적 압박을 느끼는 생도는 그렇지 않은 생도보다 감염성 단핵구증(일명 선열 또는 키스병)의 임상 증상을 보일 가능성이 더 컸다. 두 집단 모두 동일한 바이러스에 감염되었지만, 실제로 스트레스성 권력 증후군이 있는 생도들이 병에 걸릴 확률이 더 높았다. 이는 그들의 면역 체계가 감염에 효과적으로 대응하고 있지 못함을 시사한다.

물론 선열은 누구에게나 생길 수 있다. 그런데 이 병에 걸렸을 때 얼마나 심하게 앓는지는 개인의 심리적 상태에 따라 달라질 수 있다.

스트레스성 권력 증후군이 있는 사람에게는 성공에 대한 열망

6장 더 나은 삶을 위한 MBC 실천법

보다 **실패에 대한 두려움**이 더 강력한 원동력이다. 이들은 늘 성공을 위협할 수 있는 요소를 예민하게 감지하고, 작은 실패조차도 자신이 무가치하다는 결정적 증거로 받아들인다. 군사학교 생도들의 사례에서 알 수 있듯, 기대치가 실제 능력을 넘어설 때 이런 경향은 더 뚜렷하게 나타난다.

'성공하고 싶다'가 아니라 '반드시 성공해야 한다'라는 동기를 지닌 A형 성격의 사람들이 경쟁적 환경에 끌리는 것은 어쩌면 당연한 일이다. 하지만 이런 환경에서는 그들의 강박적 성공 욕구가 SAM 시스템을 지속적으로 과도하게 활성화해 결국 심장 질환과 고혈압 같은 SAM 관련 질환으로 이어질 수 있다.

목표를 추구해야 오래간다

건강과 행복을 '향해' 나아갈 때, 마음은 오직 그 목표에 단단히 고정된다. 이때의 원동력은 고통이 있든 없든, 건강하든 병들었든 흔들리지 않고 목표에 도달할 때까지 꾸준히 이어진다. 이 꾸준한 동기가 면역 체계에 강력한 영향을 미친다. 동일한 치료법이나 치유 방법이 어떤 사람에게는 효과가 있고 다른 사람에게

마음챙김의 뇌과학

는 효과가 없는 큰 이유 중 하나가 바로 이것이다.

다들 아프고 싶지 않다는 마음만큼은 분명히 있다. 하지만 무엇을 '향해' 나아가고 싶은지를 분명히 아는 사람은 얼마나 될까? 당신은 어떤 미래를 원하는가? 이 질문은 단순히 '무엇을 원하지 않는가?'라고 묻는 것과는 전혀 다르다.

축구 경기장에 골대가 없다면 선수들은 어떻게 할까? 공을 몰아 상대 진영으로 달려가기는 하지만, 막상 도착해서 무엇을 해야 할지 알 수 없다. 골대가 없으니 득점할 수도 없다. 결국 이 경기가 무의미하다는 것을 깨닫고는 목적 없이 공만 차거나 아예 경기장을 떠날 것이다.

인생도 다르지 않다. 목표가 없다면 그 여정은 방향도 의미도 잃는다. 하지만 축구 경기와 마찬가지로, 일단 첫 골을 넣고 나면 두 번째 골, 세 번째 골도 얼마든지 이어갈 수 있다.

끌리는 미래란 무엇인가?

MBC 효과를 공개적으로 인정한 최초의 의료인 중 한 명인 버니 시겔Bernie Siegel 박사가 말기 암 환자들에게 왜 계속 살아가고

6장 더 나은 삶을 위한 MBC 실천법

싶은지 물었다. 대부분은 남편이나 아내, 자녀, 가족, 친구들에 대한 책임 때문에 살아야 한다고 대답했다.

그러자 시겔 박사는 환자의 심리에 변화를 주고자 묘책을 고안했다. 가족과 친구들을 병상으로 불러 모은 뒤, 환자가 지고 있던 책임을 그들에게 하나씩 나누어 맡긴 것이다.

모든 의무가 주변 사람들에게 분산되자 아주 놀라운 일이 벌어졌다. 환자들이 시겔 박사의 암 치료 프로그램에 참여하고 싶다고 자청하기 시작했다. 간단히 말해, '살아야만 한다'라는 부담이 사라지자 '살고 싶다'라는 열망이 되살아난 것이다. 이는 '해야만 하는 동기'와 '하고 싶은 동기'의 차이를 보여주는 대표적 사례다.

이 사례는 다소 극단적일 수 있지만, 사실 우리도 대부분이 열정을 뒤로한 채 책임에 떠밀려 살아간다. 하지만 MBC 효과를 제대로 경험하려면 마음을 강하게 끌어당기는 미래를 그려야 한다. 생각해보라. 당신의 잔이 채워지지 않은 상태에서 과연 누구에게 무엇을 줄 수 있겠는가?

그렇다면 **끌리는 미래**란 정확히 무엇일까?

우선, 끌리는 미래에는 보통 단기 목표와 장기 목표가 함께 있다. 이러한 목표는 유치하고 비현실적일 수도 있고, 반대로 아주

마음챙김의 뇌과학

진지하고 논리적일 수도 있다. 중요한 점은 그 목표를 향해 나아갈 때 흥미와 설렘을 느끼고, 그 목표를 이루었을 때 기쁨과 성취감을 느낀다는 것이다.

어쩌면 당신은 이렇게 반문할지도 모른다. "하지만 그건 너무 가볍고 피상적이지 않나요? 사랑하는 사람들에 대한 책임감은 '흥미진진하진' 않지만, 적어도 의미는 있잖아요. 다른 사람의 삶에 좋은 영향을 줄 수 있으니까요!"

방금 그런 생각이 스쳤다면 어느 정도 일리가 있는 말이다. 아프든 건강하든, 대다수 사람에게 삶은 일과 가족에 대한 책임의 연속이다. 그 안에서 성취감을 느낄 수도 있고, 그렇지 못할 수도 있다. 많은 이에게 인생에서 가장 큰 만족감은 자녀 양육, 사랑하는 사람과의 친밀감, 가까운 친구들과의 유대감 등 관계에서 비롯된다. 그래서 우리의 행복은 극히 제한된 몇몇 사람과 깊이 얽혀 있는 경우가 많다. 일과 공부 역시 많은 이에게 기쁨과 보람을 안겨주는 또 다른 영역이다. 그렇다면 그 밖에는 또 무엇이 있을까?

인생에는 분명 그보다 '더 깊은 무언가'가 있어야 하지 않을까? 하지만 사람들은 대부분 그 무언가를 찾으려 하지 않고 그저 무난한 삶에 안주해버린다. 그런 상황에서 치명적인 질병이

6장 더 나은 삶을 위한 MBC 실천법

찾아오면 어떻게 될까? 다 포기함으로써 고통스럽고 단조로운 일상에서 벗어나고 싶은 유혹에 맞설 만한 강렬한 열망이 과연 남아 있을까?

보육원 아이들을 대상으로 한 여러 연구에 따르면, 자극과 흥미가 부족하면 정신 기능과 건강 상태가 전반적으로 악화된다. 이런 결과는 요양원에서도 마찬가지로 나타난다. 인간은 본래 성장하고 살아가기 위해 도전과 자극이 필요하다. 지루함은 생명을 위협하는 질병만큼이나 위험할 수 있다. **생존을 위해 기본적으로 음식과 물이 필요한 만큼 도전과 자극도 필요하다.**

캘리포니아대학교의 마리안 다이아몬드Marian Diamond 박사가 진행한 연구는 이 점을 분명히 보여준다. 박사는 쥐에게 음식, 물, 온기 같은 생존에 필요한 기본 요소만 제공하고 다른 개체와 교류 없이 고립시켰을 때, 이들의 수명이 훨씬 짧아진다는 사실을 발견했다. 반면, 며칠에 한 번씩 새로운 장난감을 받고 서로 어울려 논 쥐들은 훨씬 더 오래 살았다. 흥미로운 자극이 있다는 사실만으로 쥐들에게는 더 오래 살 이유가 생긴다. 실제로 이런 자극을 받은 쥐들은 평균보다 최대 50퍼센트나 더 오래 산다.

이제 당신만의 끌리는 미래를 그려나가는 데 도움이 될 실천법 여섯 가지를 소개하겠다.

마음챙김의 뇌과학

I. 일상 속 작은 즐거움을 늘려라

하루하루를 살아가면서 느끼는 소소한 기쁨을 음미하라.

연습 과제: 작은 즐거움 느끼기

다음 질문들에 가능한 한 솔직하게 답해보자.

▶ 가장 좋아하는 맛은 무엇인가? 마지막으로 그 맛을 느껴본 때가 언제였는가?

▶ 가장 좋아하는 향기는 무엇인가? 마지막으로 그 향을 맡아본 때가 언제였는가?

▶ 가장 좋아하는 음악은 무엇인가? 마지막으로 그 음악을 들은 때가 언제였는가?

▶ 오늘 몇 번이나 웃었는가?

▶ 오늘 누군가의 따뜻한 손길을 기꺼이 받아들인 적이 있는가?

▶ 오늘 얼마나 즐겁게 지냈는가? 구체적으로 무엇을 즐겼는지 기술하라.

6장 더 나은 삶을 위한 MBC 실천법

우리는 흔히 '삶의 의미' 같은 거창한 질문에 사로잡혀 정작 우리 삶을 채우는 소소한 기쁨과 즐거움을 놓치고는 한다. 어쩌면 당신은 목적이나 열정, 끌리는 미래 같은 '큰 주제'를 돌아볼 준비가 되지 않았을 수도 있다. 그래도 괜찮다. 그저 오늘 하루를 진심으로 살아내면 된다.

활짝 웃어라. 좋아하는 영화를 보라. 가장 좋아하는 음식의 맛을 음미하라. 누군가에게 어깨를 다정히 주물러달라고 부탁해보라.

지금 이 순간을 온전히 누려라. 그래야 비로소 인생 전체를 더 즐기고 싶은 마음이 자연스럽게 우러난다.

2. 지금 여기서 아름다움을 찾아라

우리는 삶이 주는 고통과 괴로움의 무게에 짓눌린 채 지금 이 순간 우리 곁에 있는 것들을 완전히 잊고 살아간다.

마음챙김의 뇌과학

연습 과제: 아름다움을 찾기

어디든 좋다. 당신이 있는 곳에서 잠시 앉을 곳을 찾아라. 그곳에 가만히 앉아서 주변을 천천히 둘러보라. 눈에 들어오는 풍경을 천천히 살피며 그 속에서 아름답게 느껴지는 부분을 찾아보라. 대단하거나 특별한 것일 필요는 없다. 그동안 무심히 지나쳤던 꽃 한 송이, 하늘의 구름, 벽에 걸린 그림, 혹은 당신의 두 손일 수도 있다.

그것이 왜 아름다운지 분석하려 하지 말고 그저 바라보며 충분히 음미하라. 어쩌면 지금 이 순간이 그 아름다움을 볼 수 있는 유일한 기회인지도 모른다. 이러한 생각에 마음이 조금 쓸쓸해질 수도 있다. 하지만 괜찮다. 그것 또한 자연스러운 감정이므로 충분히 느껴보라.

6장 더 나은 삶을 위한 MBC 실천법

3. 놓아주고, 새로운 것을 받아들여라

사실, 이건 아주 단순한 일이다.

연습 과제: 비우고 들이기

집 안을 한번 둘러보라. 책이며 서류, 물건, 액자, 가구가 얼마나 오랫동안 같은 자리에 그대로 놓여 있었는가? 서랍과 찬장은 또 얼마나 오랜 시간 같은 물건으로 가득 차 있었는가?
이제 집을 말끔히 정리해보자. 오랫동안 쓰지 않았던 물건은 과감히 버리거나 나눠주어라. 읽지 않는 책이나 잡지는 필요한 사람에게 주고, 해묵은 서류 뭉치는 정리하거나 태워 없애라. 벽에 걸린 액자를 몇 개 치워라. 침대 밑도 살피고 매트리스도 한 번쯤 뒤집어보라.
그런 다음 집 안에 새로운 물건을 들여놓아라. 평소 읽고 싶었던 중고 서적이라도 괜찮다.

4. 삶을 정리하라

긴장하지 마라. 죽음을 준비하라는 이야기가 아니다. 오히려 **삶을 더 자유롭게 살아가기 위한 준비다.**

연습 과제: 삶을 정리하기

재정 상태를 정리하고, 세금을 제때 납부하라. 유언장이 있다면 최신 상태인지 점검하고, 없다면 지금이라도 작성하라. 가능하면 사랑하는 이들에게 미리 나눠주어라. 그들이 기뻐하는 모습을 직접 볼 수 있다면 그보다 더 즐거운 일도 없을 것이다. 당신의 장례식을 어떻게 치르길 바라는지도 적어두면 좋다.

이 모든 이야기가 다소 엉뚱하게 들릴 수 있다. 하지만 이런 문제를 정리하지 않는 한, 마음 한구석이 늘 무거울 수밖에 없다. 이제는 그 부담을 내려놓고 삶에 온전히 집중할 때다.

오랫동안 하고 싶었지만 계속 미뤄왔던 일, 생각만 해도 마음이 '설레는' 일을 해보라. 죽음을 정리하고 난 다음에는 결국 '살아가는' 것 말고 또 달리 할 일이 무엇이 남겠는가?

6장 더 나은 삶을 위한 MBC 실천법

데이비드는 장례식장에 가서 진열된 관들에 직접 누워보며 꼼꼼히 확인했다. 장의사가 깜짝 놀랐지만, 데이비드는 결국 마음에 드는 관을 찾아서 구매했다. 장의사에게 자신이 원하는 장례 지침을 전달하고 비용까지 모두 지급했다. 그날 오후 데이비드는 부동산 중개소에 들러 새집을 알아보았고, 다음 날 계약서에 서명했다.

꼭 이렇게 극단적으로 행동할 필요는 없다. 하지만 한 가지는 분명하다. 죽음과 관련된 생각과 계획을 정리해두어야만 비로소 삶을 제대로 살아갈 수 있다.

5. 원하는 것과 원하지 않는 것을 구분하라

당신이 나아가고 싶은 끌리는 미래는 어떤 모습인가? 매일 아침, 침대에서 벌떡 일어나게 하는 설레고 흥미진진한 목표는 무엇인가? 그 답을 찾기 위해 사람들이 어떻게 동기부여를 하는지 좀 더 깊이 들여다보자.

연습 과제: 원하는 것과 원하지 않는 것

당신의 삶에서 '원하지 않는 것'을 스무 가지 적어보라.

1. _____
2. _____
3. _____
4. _____
5. _____
6. _____
7. _____
8. _____
9. _____
10. _____
11. _____
12. _____
13. _____
14. _____
15. _____
16. _____

6장 더 나은 삶을 위한 MBC 실천법

17. _____

18. _____

19. _____

20. _____

이제 반대로, 진심으로 '원하는 것'을 스무 가지 적어보라.

1. _____

2. _____

3. _____

4. _____

5. _____

6. _____

7. _____

8. _____

9. _____

10. _____

11. _____

12. _____

13. _____

14. _____

마음챙김의 뇌과학

```
15. _____
16. _____
17. _____
18. _____
19. _____
20. _____
```

'원하지 않는 것' 목록은 생각보다 쉽게 떠올랐을 것이다. 하지만 '원하는 것' 목록은 어땠는가? 아마도 여섯 번째나 일곱 번째부터는 점점 막히기 시작했을 것이다.

사람들은 대부분 자신이 '원하지 않는 것'에 대해서는 꽤 분명하게 알고 있다. 하지만 '진짜로 원하는 것'에 대해서는 그렇게 확신이 없다. '벗어나고' 싶은 것들은 뚜렷이 알지만, 진심으로 '다가가고' 싶은 방향에 대해서는 흐릿하기만 하다. 진짜 원하는 삶을 향해 나아가려면 먼저 당신이 바라는 미래를 아주 명확히 그려야 한다. 자신이 어디로 가고 있는지도 모른다면 어떤 길을 가든 결국 원치 않는 곳에 도착할 것이다.

이제 '원하는 것' 항목을 하나씩 **빠르게 점검해볼** 차례다. 진짜 끌리는 목표가 무엇인지 알아보려면 자기 자신에게 이렇게 질문을 던져보라. "이걸 '원한다'고 생각할 때 짜릿한 흥분이 느껴지는가?"

몸은 절대 거짓말을 하지 않는다. 그럴듯한 아이디어와 설레고 즐거운 아이디어는 전혀 다르다. 진짜로 원하는 것이라면 생각만 해도 몸이 먼저 반응한다. "그래, 그러면 정말 좋겠다!"라는 신호로 가슴이 울렁거리고 입꼬리가 절로 올라가며 얼굴이 붉어진다.

누군가에게 인생에서 무엇을 원하는지 물으면, 대개 꽤 그럴듯한 아이디어가 줄줄이 쏟아진다. 하지만 그 말과 함께 몸이 들뜨지 않는다면, 즉 손짓에 생기가 없고 눈빛을 반짝이지도 않으며 볼이 붉어지거나 웃음이 번지지 않는다면, 나는 그 말을 진지하게 받아들이지 않는다.

몸의 반응을 들어보라. 몸은 거짓말을 할 이유가 없다. 하지만 마음은 얼마든지 거짓말을 할 수 있고, 실제로 그러기도 한다. 앞에서 살펴보았듯이, 무의식은 현실과 현실처럼 '느껴지는' 것을 구별하지 못한다. 당신이 진심으로 원하는 것과 원한다고 '생각하는' 것도 마찬가지다.

당신이 MBC를 아무리 열심히 실천하더라도, 무언가'에서 벗

마음챙김의 뇌과학

어나는' 것이 아니라 무언가'를 향해 나아가는' 건강한 존재로 자신을 바라보지 않는 한 아무것도 달라지지 않는다. 그러므로 목표에 '그만두기' '하지 않기' 같은 표현이 들어 있다면 반드시 다시 써야 한다. '피하고' 싶은 것이 아니라 진짜 '원하는' 것을 담아야 한다. '멈추고' 싶은 일이 아니라 새로 '시작하고' 싶은 일을 명확히 표현해야 한다. 다시 말해, 부정이 아닌 긍정의 언어로 목표를 세워야 한다.

극단적인 예를 들어보자. "죽고 싶지 않아"라고 말하는 순간, 머릿속에는 고통받는 모습이 그려진다. 그런 고통의 이미지가 행동을 유도하려면 꽤 무섭고 두려운 그림이어야 한다. 이제 시선을 바꿔보자. "죽고 싶지 않아" 대신에 "살고 싶어"라고 말해보라. 그 순간 떠오르는 이미지는 고통이 아니라 생명력이다.

하지만 제대로 해내고 싶다면 '왜' 살고 싶은지 구체적으로 밝혀야 한다. 가슴 뛰는 목표를 담아야 한다는 말이다. 가령 이렇게 말해보라. "나는 살아생전에 세상에서 가장 아름다운 그림을 그리고 싶어. 그런 그림을 아주 많이 그리고 싶어!" 진심으로 좋아하는 일에 몰입한 자신의 모습을 떠올리는 순간, 당신은 훨씬 더 강력한 에너지로 이끌리게 된다.

부정적인 그림을 설레고 즐거운 그림으로 바꾸는 순간, 당신

6장 더 나은 삶을 위한 MBC 실천법

은 그 흥미진진한 미래를 향해 당장이라도 나아가고 싶어질 것이다! 게다가 이런 새로운 시각은 건강에도 큰 도움이 된다. 긍정적 감정을 키우고 불안을 줄여서 결국 면역 체계까지 강화하기 때문이다.

6. 의심과 두려움에 정면으로 맞서라

어떤 일을 정말로 하고 싶다고 느끼는 순간, 흔히 **두려움**도 함께 고개를 든다. '사람들이 뭐라고 할까?' '말도 안 돼! 그건 네가 할 수 있는 일이 아니야!' 이런 반박과 의심이 불쑥불쑥 떠오른다.

아마도 이 단계가 가장 두려울 것이다. 내부(자신)와 외부(타인)에서 그럴싸하게 반대하는 목소리들이 당신을 덮치기 때문이다.

'다른 사람'의 기준에 맞춰 행복해져야 한다는 생각은 이제 내려놓아라. 누군가가 당신을 아무리 사랑한다 해도, 당신의 고통을 대신 겪어줄 수는 없다. 그 누구도 당신의 몸속에 들어와서 그 감정을 온전히 느낄 수는 없는 법이다. 그러니 당신 삶의 유일한 결정권자는 바로 '당신 자신'이다.

마음챙김의 뇌과학

당신의 바람이 다른 사람에게는 이해되지 않거나 별 의미 없어 보일 수도 있다. 하지만 그것은 전혀 중요하지 않다. 어차피 '다른 사람'을 행복하게 하기 위한 일이 아니다. 그저 '당신'에게 기쁨을 주기 때문에 하고 싶은 것이다.

두려움에 제대로 대처하는 일이 면역 체계에 얼마나 중요한지 앞에서 이미 살펴보았다. 두려움은 우리가 마주하는 가장 강력한 방해 요소 중 하나다.

당신의 목표를 떠올릴 때 어떤 두려움과 의심이 올라오는지 잘 들여다보고, 그것을 종이에 적어보라. 두려움 앞에서 솔직하지 않으면 결코 제대로 대처할 수 없다.

어떤 일을 해보면 정말 좋겠다고 생각하면서도 정작 실행에 옮기지 못한 적이 얼마나 많았는가? 과연 정말로 시간이 없었기 때문일까? 에너지가 부족했기 때문일까? 혹시 그 모든 이유 뒤에 숨은 진짜 감정은 두려움이 아니었을까? 당신이 정말로 자신의 몸과 건강을 통제하게 된다면, 그다음에 벌어질 일이 두려운 것은 아닌가?

앞에서 이야기했던 끌리는 미래를 기억하는가? "나는 살아생전에 세상에서 가장 아름다운 그림을 그리고 싶어. 그런 그림을 아주 많이 그리고 싶어!" 설령 지금 몸이 아프더라도 그 꿈이 간

6장 더 나은 삶을 위한 MBC 실천법

절하다면 당장 미술 수업을 시작하라! 회복된 다음에 하겠다는 생각은 접는 편이 좋다. **지금 당장** 그 꿈을 향해 나아가라! 지쳐서 침대에 누워 있더라도 붓을 들어라! **일단 그냥 해보라!**

그런데 무엇을 하든 꼭 기억해야 할 사항이 몇 가지 있다.

첫걸음을 뗐다고 해서 곧바로 큰 보상이 따를 것이라 기대하지 마라. 인생은 수많은 작은 걸음과 어쩌다 찾아오는 큰 도약의 연속이다. 그중 '가장 중요한 것'은 바로 첫 번째 작은 걸음이다. 설령 그것이 미술 수업이 어디서 열리는지 알아보는 전화 한 통에 불과할지라도 말이다. 목표를 세우고, 시도하고, 멈춰서 살펴보고, 방향을 고쳐 다시 행동하라. 혹시 당장 시작하는 미술 수업이 없다면? 나중에 다시 전화하거나 다른 곳에 물어보라. 멈추지 않고 계속 나아가는 것이 중요하다.

그리고 하나 더, 아주 단순하면서도 강력한 원칙이 있다. 당신의 생각이 흐르는 곳에 에너지도 따라 흐른다. 원하는 것을 '생각하는' 데 그치지 말고 '행동'도 그 방향으로 움직여라.

이제는 망설이지 말고 시작하라. 지금 당장! 잃을 것이 무엇이 있는가? 그냥 즐겁게 해보라. 세상은 당신이 줄 선물을 기다리고 있다. 그러니 아낌없이 나눠주어라!

마음챙김의 뇌과학

행동만이 삶을 바꾼다

지금까지 MBC를 활용해 자기 확신, 회복탄력성, 긍정성을 기르는 방법을 배웠다. 이제는 이러한 연습 과제들을 반복해서 실천할 차례다. 완전히 익숙해지고 내면이 더 단단해졌다고 느낄 때까지 계속하라. 그와 동시에 일상 속 마음챙김 활동도 꾸준히 이어가야 한다. 두 가지를 함께 실천할 때 진정한 변화가 시작될 것이다.

몇 달간 꾸준히 실천해보라. 어느새 당신 안에는 고요함과 명확한 목적의식, 집중력, 깊은 만족감이 차오를 것이다. 놀라운 변화이지만 그것이 다가 아니다. 지금까지 마음챙김과 MBC를 통해 배운 점을 모두 고려한다면 새로운 삶의 방식은 당신에게 분명 풍성한 결실을 안겨줄 것이다. 마음의 평온뿐만 아니라 신체의 방어 체계에까지 영향을 미쳐서 어쩌면 당신의 생명을 지킬 수 있는 강력한 변화로 이어질 것이다.

지금 스트레스에 시달리고 있든, 극심한 피로에 지쳐 있든, 만성질환을 앓고 있든 상관없다. 결코 미루지 말라. 마음챙김과 MBC의 놀라운 힘을 당신의 삶에 불어넣어라. 망설이지 말고 **지금 당장 실천하라!**

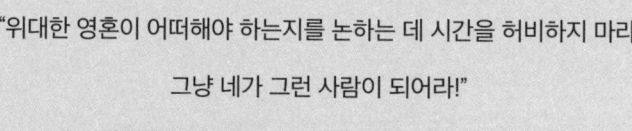

"위대한 영혼이 어떠해야 하는지를 논하는 데 시간을 허비하지 마라.

그냥 네가 그런 사람이 되어라!"

· 마르쿠스 아우렐리우스(로마 황제, 기원후 121-180년)

"일이 어떻게 흘러가든, 그 상황에서 최선을 끌어내는 사람이

결국 가장 좋은 결과를 얻는다."

· 아트 링클레터(캐나다 라디오·TV 프로그램 진행자)

40여 년 전, 정신과 의사 에인슬리 미어스Ainsley Meares 박사는 이완, 명상, 마음과 뇌에 대한 글을 남겼다. 마음과 몸의 연결성을 본격적으로 연구한 이 선구자의 연구는 젊은 심리학자이자 과학자였던 내게 깊은 영감을 주었다. 이후 수많은 과학적 발견이 이어지는 가운데, 나는 이 '위대한 사상가' 덕분에 훨씬 더 풍요로운 길을 걸을 수 있었다.

미어스 박사는 1985년에 펴낸 『내면의 부The Wealth Within』에서 오늘날 우리가 '마음챙김'이라 부르는 개념과 심신 연결에 대한 통찰을 놀라울 만큼 정제된 언어로 담아냈다.

여기까지 읽어준 독자들에게 감사의 마음을 보내며, 미어스 박사의 책 에필로그를 빌려 끝을 맺고자 한다.

•••

삶에 관해 이야기하다 보니 마음속에 머물던 온갖 의문이 걷힙니다. 하지만 중요한 것은 결국 실천이겠지요.

가장 먼저, 몸을 지키고 단련해야 합니다. 몸이야말로 우리가 살아가는 요새이자, 삶의 한복판에서 우리가 싸워나가야 할 자리이기 때문입니다.

그다음으로는 마음을 자유롭게 합시다. 절제의 힘으로 다듬고 지식으로 풍요롭게 만들어나가야 합니다. 마음이야말로 우리의 본질이기 때문이지요.

고요함이 우리 안에 스며듭니다. 소란한 움직임 속에 가만히 깃든 정적. 그것은 마음 깊은 곳에서 오는 평온입니다.

우리는 이제 논리의 틀을 넘어 이해하고, 익숙한 정통의 길에서 벗어나 마음껏 사유할 수 있습니다.

침묵 속에 잠길 때는 마음이 편안해지고, 벗들과 어울릴 때는 기쁨이 차오릅니다. 그래서 외로운 산속을 찾아 헤맬 필요도 없고, 시끌

나가며

벅적한 잔치나 술집의 여흥에 기대지 않아도 됩니다.

우리는 이 땅의 일원으로서 기여하고자 일하고, 스스로 돌봄으로써 주변 사람들의 삶에도 좋은 영향을 미칩니다. 그리고 이 모든 일을 더 잘해내기 위해, 휴식의 회복력을 한껏 누립니다.

사랑이 찾아오면 우리는 정화됩니다. 사랑을 나누는 순간, 우리는 세속을 넘어 존재의 깊이를 확장합니다.

마음이 맑아지고, 세상의 모든 색이 또렷이 보이며, 그 이면에 담긴 의미까지 자연스럽게 느껴집니다.

모든 것을 깊이 이해하고 나면 더 이상 어떤 대립도 존재하지 않습니다. 우리를 포함한 세상 만물이 하나로 녹아든 더 큰 그림이 존재할 뿐이지요.

우리는 고통과 슬픔을 압니다. 하지만 우리 마음은 여전히 고요하고, 그 안에서는 어떤 상처도 생기지 않습니다.

시간이 흐르고 계절이 바뀝니다. 씨를 뿌리고 열매를 맺고 수확의 계절을 맞이합니다. 탄생과 성장과 죽음이 이어집니다. 우리는 그 모든 흐름 속에서 자연의 리듬과 조화를 느낍니다. 참으로 아름답기 그지없습니다.

그런데 폭풍의 눈 속에, 고요한 밤의 정적 속에, 혹은 아침이슬 한 방울 속에 깃든 또 다른 무언가를 발견합니다. 그것은 무엇일까요?

마음챙김의 뇌과학

그것은 영혼의 산물이요 세상 만물을 초월하는 존재이니, 진정으로 소중히 여겨야 합니다.

나가며

쓸모 많은 뇌과학

마음챙김의 뇌과학

1판 1쇄 발행 2025년 12월 8일

지은이 스탠 로드스키

옮긴이 박미경

발행인 박명곤 **CEO** 박지성 **CFO** 김영은

기획편집1팀 채대광, 백환희, 이상지, 김진호

기획편집2팀 박일귀, 이은빈, 강민형, 김유선, 박고은

기획편집3팀 이승미, 김윤아, 이지은

디자인팀 구경표, 유채민, 윤신혜, 권지혜

마케팅팀 임우열, 김은지, 전상미, 이호, 최고은

펴낸곳 (주)현대지성

출판등록 제406-2014-000124호

전화 070-7791-2136 **팩스** 0303-3444-2136

주소 서울시 강서구 마곡중앙6로 40, 장흥빌딩 10층

홈페이지 www.hdjisung.com **이메일** support@hdjisung.com

제작처 영신사

ⓒ 현대지성 2025

"Curious and Creative people make Inspiring Contents"

현대지성은 여러분의 의견 하나하나를 소중히 받고 있습니다.

원고 투고, 오탈자 제보, 제휴 제안은 support@hdjisung.com으로 보내 주세요.

 현대지성 홈페이지

이 책을 만든 사람들

기획 박일귀 **편집** 강민형 **디자인** 구경표